脳に働きかけて
ネガティブ感情を手放す

ストレス・リリース・タッピング

Stress Release Tapping

加藤あや子
Ayako Kato

かざひの文庫

はじめに

この本を手に取っていただき、ありがとうございます。
はじめに少しだけ、私がここに来るに至ったお話を書かせてください。

私の実家は、名古屋にある小さなメリヤス工場と学生寮を営んでいる穏やかな家庭でした。祖父母、父母、叔父、3人姉妹（私は末っ子）の8人で過ごしていましたが、私が小学校1年生の時に祖父が亡くなると、平和だった家庭が終わりを告げたのです。

元々、アルコール依存症だった叔父が、祖父の死後、以前にも増して刃物を振り回すなどの粗暴行為が悪化し、精神科への強制入院を繰り返すも家族の誰もが太刀打ちできない状態でした。私自身は深夜の叔父の怒鳴り声が怖くて、よくおねしょをし、母を困らせていた記憶もあります。

母の死、何も信じられない子供時代

何も状況は改善されないまま、中学2年生になった時、母が腎不全で亡くなりました。両親がマクロビオティックを中心とした、健康に関する新事業を立ち上げる準備をしている時です。父が母に無理をさせたから亡くなったんだと、私は思いました。

母は、マクロビの勉強に通いながら家業と叔父を含む家族の世話、地域の仕事、ＰＴＡ役員までこなしていましたが、父が母を助けていた場面をあまり見たことがありません。父や叔父に対する怒りと不信感は、他の大人にも向けられるようになり、全ての大人が信じられず反抗しました。

19歳になると私はエステサロンに就職し、20歳になると同時に家を出ます。

エステティシャンになり、カウンセリングを学ぶ機会に恵まれました。共感と関心を持って傾聴するという思いやりのあるコミュニケーションの技術に、感動と衝撃を受けたのを、今でも覚えています。

また、お客様から感謝の言葉をいただけることが嬉しくて、もっといい技術を提供したいと思い、美容と健康に関する様々な手法と知識、そして心の仕組みについて学びました。

カウンセラーとして叔父と向き合う

24歳になり、私は大阪のエステサロンで店長になりました。部下の技術指導や教育に力を入れ始めた頃、父から毎日職場に電話がかかってくるように……。仕事もせず借金を重ね、その上罵ってくる叔父に苦しんでいた父は、不安神経症になり、朝からお酒を飲むほどにまで追いつめられていました。

姉妹のうち2人は結婚をしていたので、私が家族と向き合わなくてはいけないと覚悟を決め、月に数回、名古屋に戻り、カウンセリングの技法を使って叔父と話をするようになったのです。

すぐ感情的になる叔父に対し、はじめは恐れと怒りが私の中にありましたが、面会も3回目ぐらいになってくると、叔父は真面目に仕事をし始め、何年間もできていなかった部屋の掃除もできるようになりました。ただ、その数か月後、叔父は急性肝不全で急死します。

またこの頃、私はエステの仕事をする傍《かたわ》ら夜は飲食店でバイトをしていました。帰りが夜中なのですが、タクシー代がなく夜道を歩いていたら、見知らぬ男たちに車に押し込まれてしまい、そのまま山でナイフを突きつけられて無理やり……

という経験もしています。その後、この土地を離れて大阪へ行き、店長として働くことになりました。

この年に体験した様々な衝撃的な出来事は、結果的に人生をかけて取り組みたい仕事に繋がっていったのです。

独立と家庭でのストレス

28歳になると、自宅を改装し、エステティシャンとして独立。プライベート空間になったためか、お客様が親子関係、夫婦関係、仕事の悩みなど、様々な相談事を話してくれるようになり、私はお客様の力になりたい一心で、心理学・東洋医学・精神世界について独学で学びました。

この頃、私は結婚・出産を迎えました。ですが、夫とは夜の生活がうまくいかず、気がつけば私がすること全てに反対意見を言うようになり、さらに姑との確執もあり、心が休まる日はありません。

夫は心をケアする仕事に否定的だったので、仕事での悩みを夫に話すことができませんでした。

そんな時です。私がエステティシャンになりたての頃から15年間いつも励ましてくださっていたお客様が、ガンで亡くなりました。

彼女はお寺の奥様であり、幼稚園の園長でもあった方です。教養が深く温厚な美しい方で、心から信頼していました。彼女がいたからこそ、私は仕事を続けてこられたのです。

半年ほど前から大きな悩みを抱え体調を崩していたことを知りながら、何も力になれなかった自分が情けなく、私はその後しばらく、ショックで仕事ができなくなりました。

タッピングセラピーに出合う

やる気がなく、ふさぎがちになった私は、瞑想やヨガを習い始めました。内側の感覚に意識を向けることがストレス感情の緩和に役立つことがわかり、もっとこの分野を勉強して、亡くなってしまったお客様のような心に苦しみを閉じ込めてしまう人を救うために働こうと考えました。

そんな時、友人の紹介で海外で流行っているトラウマをケアするセラピーに出合いました。**それがタッピングセラピーです。**

当時、私はエステで腕を使いすぎており、右肩に痛みを覚えていたのですが、タッピングセラピーのセミナーに来ていた方から痛みを解放するセッションを受けました。

すると、右肩の痛みを取ってもらうはずが、セッションを受けているうちに、自分でも思いもしなかった言葉を吐き出していました。

それは、好きな仕事を否定され、すでに会話もなくなっていた夫婦関係への耐えがたい想いです。

「もう我慢できない。耐えられない。限界だ……」

自分でも驚くほどの大きな悲しみと苦しさを持っていたことを知りました。

その後、自分でもセラピーを繰り返し、右肩の痛みは2週間ほどで完治。そして、サポートを受けながら抑圧や思い込みを言語化する習慣が身につくと、自分の気持ちを客観視できるようになり、素直に認められるようになりました。

私は自分が望む仕事をしてもいい。

なりたい自分を目指してもいい、と。

そして今へ

子供たちの協力を得て離婚が成立し、エステをしながら感情のケアをするセラピストとして活動を始めました。お客様へのセッションは、**誰でも簡単に相手へのネガティブ感情の解放ができるように私が考案したS.R.T（ストレス・リリース・タッピング）**を使っています。

また、今では仕事に生かしてもらえるよう、セラピスト、インストラクターの育成も始めました。

＊　＊　＊

今、振り返ってみると、タッピングセラピーに出合えたことで、**自分の心身に不調が起きている本当の理由**に気づくことができ、これまでの全ての出来事が必要だったと気づかされます。

今は私が作ったS.R.Tで、ストレス感情に苛《さいな》まれている人々をなりたい自分へと明るく導くセラピストを増やしていくことが使命だと思っています。

タッピングは、アメリカではエネルギー心理学と言われ、エネルギー療法、ブリーフセラピーとして扱うセラピストも多いのですが、日本では一般にはまだまだ馴染みがないのが現状です。「感情のためのツボ療法」という日本語での表現により、マッサージの一種だと勘違いされている人もいました。

私はそういった誤解をなくすために、脳科学の観点から根拠や効果を明確に説明できるセラピーにしたいと思っています。

実際にセラピーを受けた人からは、

「あんなに悩んでいた自分が嘘のよう」

「はじめて母を許すことができました」

「避けてきた上司といい関係が築けるようになりました」

「あれから偏頭痛が起こりません」

というような感想もいただいています。


数回のセッション（時には1回だけで）で体調がよくなる方や、カウンセリングに何年も通っているのに改善しなかった苦しみから解放された方、経済的な問題が一気に解消した方がいます。

こんな簡単なことで、しかも短時間のうちにあっという間に状況が変わってしまうことに、はじめは驚かれるかもしれません。

S.R.Tは、イライラ、不安、緊張、悲しみなどのストレス感情や、体のコリ・痛みなどを短時間で消し去ったり、軽くしたりする心身ストレスの解消ができるツボのタッピング法です。

頭や顔のいくつかのツボを軽くたたく（タッピング）することで、脳へ働きかけ、心身のストレス反応を素早く解消することができます。

ストレス感情を抱えているなら、ぜひ一度試してみてください。抑えてきたストレスの深さを知ると同時に、あなたがいとも簡単にそれを手放すことや切り替えられる力を持っていることに気づいていただけると思います。

この本は、あなたの脳に備わる癒しと幸せを創造する素晴らしい力を高め、さらに幸せになっていただけるようにとの思いで書きました。あなたの人生にもっともっと喜びが増しますように。

ストレス・リリース・タッピング　目次

第3章　S.R.Tの処方箋　この悩みにはこの言葉

●対人編（13種）

第1章

ストレス感情は誰のせい？

本当の問題はどこに？

現代社会を過ごす中で起こりうる問題の原因は何だと思いますか？

例えば、コミュニケーションが苦手で言いたいことが言えなかったり、ついカッとなって怒ってしまったり、相手を怒らせてしまったり……こういう方は、性格が問題なのでしょうか？

例えば、いつもお金がないと嘆いている人は、その人の環境や境遇のせいだったり、もしかすると学歴がないから……なのでしょうか？

例えば、頼れる人がいなかったり、人脈がないのは、人見知りだったり、気が弱いからでしょうか？

例えば、いつも大事なところで失敗してしまうのは、あなたの経験不足だったり、意味の分からないことばかり言う上司がいたりするからでしょうか？
例えば、いつも自分が不幸だと感じてしまうのは、親の育て方が悪かったからでしょうか？

私は断言できます。それらは全てノーです。

どうしてそう言い切れるかというと、私は子供の頃から様々な問題にぶつかり、現実逃避をし、トラウマを抱え、経済的にも苦しい時期がありましたが、今は全ての問題が解消し毎日が幸せです。

それは、私がもともと精神的に強かったからではなく、S.R.Tでネガティブな感情を手放し、思い込みと過去の印象を次々に変えられたからです。

ストレス感情の本当の原因は見えづらい

苦しみや悲しみを持っている人は、その理由を探して自分以外の何かに押し付けてしまいがちです。確かにストレスのもとになっている出来事はあります。ですが本当に、それだけが問題なのでしょうか？

S.R.Tを使ってみるとわかるのですが、表面的な感情を出していくと純粋な自分の気持ちに触れることができます。いつからそんなふうに感じるようになったのか？　本当はどんなあり方の自分を求めているのか？　本当はどうしたいのかがわかり、それを邪魔する思い込みが見えてきます。

例えば、よく聞く言葉の1つに、悩みを抱えているわけではないけど、「私はやりたいことが見つからない」というのがあります。

実は、こういった人にもS.R.Tは効果を発揮します。「私は何でもできる」

「自由に選んでもいい」と言いながらS.R.Tをしていくと、「……でも、○○だからやっぱり無理」という、自分の選択を否定する前提を持っていたことに気づきます（自分以外の人の声の場合もあります）。その前提を書き換えると、自分に素直になり、純粋にやりたいことが見えてきます。

S.R.Tは心を癒すだけのものではない

通常、セラピー系の本は、あなた本人の心身を癒すところまでで終わっていますが、S.R.Tは違います。あなたを癒したうえで、次の行動に繋げていくところまでをカバーしています。

S.R.Tによっておこる効果をあげると、

・**仕事に集中できるようになる**
・**不安や緊張がモチベーションに変わる**
・**言いたいことが言え、伝えたいことが伝わる**
・**落ち着きと自信が持てる**
・**目標を達成しやすくなる**
・**過去への後悔がなくなる**
・**挑戦意欲が湧く**

また、S.R.Tで自分を好きになれた人がたくさんいます。

自分自身が思い通りにならないことへのフラストレーションによって、「**自分が嫌いだ**」という人はいますが、S.R.Tは元々**自分自身を思い通りにコントロールするためのツール**です。苦手意識の克服にも役立ち、様々な自分の可能性に気づいていけることと思います。

さらにストレス感情をためない習慣が身につき、**レジリエンス（ストレスに対する回復能力）も上がる**ので、今のストレス社会と言われている時代には、ぴったりのものです。

女性がよく感じる感情の裏側

ここで1つ例をあげたいと思います。女性特有の感情ですが、同じ職場や同じグループの中で男性に甘えている女性を見た時、あなたはどう感じますか？「あの人、男に媚びるのが上手で嫌な感じ、好きになれないわ」というような感情が出てくる人がほとんどです。

男性に媚びていると感じる女性が好きになれないのは、あなたとタイプが違うからでしょうか？

それとも、あなたとは相容れないタイプの女性だからでしょうか？

多くの女性へタッピングセッションをしてきたからこそわかります。

強い否定的な感情の裏側には、**「自分は素直に男性に甘えられないのに、あの人は甘えることができて羨ましい」**という感情が潜んでいるようです。

あなたがストレス感情を抱いたとしても、それは媚びている女性のせいではなく、あなた自身の問題ということになります。

そのことに気づけると、男性に甘えている女性を見ても、その人を認めることができるのでストレス感情を抱くこともなくなり、自分自身も素直になって甘えてみようかなという気持ちになれます。これは、より魅力的な女性になれる思考法です！

S.R.Tは、自分の本当の気持ちを出させてくれるツールです。本当の気持ちとは、自分が隠している気持ちでもあるのですが、**無意識のうちにそう感じ、真実として受け入れている部分**までも含んでいます。

お母さんから受け継いだ劣等感

こんなご家庭がいました。小さなお子さんを育てているお母さんが、自分自身に対して無意識下で**「私なんて……」**と思っている方でした。そんな、お母さんに育てられた子供は、やはりお母さんと同じように、自分に自信が持てない人になることがほとんどです。

子供の性格に起因しているのは諸説ありますが、7歳までの体験と言われています。お父さんよりもお母さんから受けた影響のほうが、子供はより強く心に吸収していきます。

自分に自信の持てないお母さんは、子供に対しても**「不足」**にばかり目が向きます。「あなたは何でそんなに可愛くないの」「どうして、そんな顔をするの」「もっと愛想よくしなさい」というような言葉を、投げかけてしまいます。

こういった言葉を受け取った子供は、**「そうか、私は愛想が悪く可愛くないんだ」**と思うようになってしまうのです。

お母さんからすれば、子供に可愛くあってほしいからこそ、そう言ったのだと思いますが、逆影響となる『前提』を与えてしまっています。今、例にあげた以外にも「かっこよくしなさい」「きちんとしなさい」「そんなんじゃお嫁にいけないわよ」「どうしてあなたは、ちゃんとできないの」「お兄ちゃんらしくしなさい」「我慢のできない子ね」というような言葉も同じです。

全てが逆の意味に子供の心に残ってしまい、大人になっても（本人の自覚はないままに）、その影響による悩みを抱え、ご相談にいらっしゃる方たちがいます。

例えば、充分仕事ができていても、「自信が持てず、つい不安になってしまう」「周りの反応ばかりが気になり、委縮してしまう」というお悩みなどがそれにあたります。


自分に自信のないお母さんは、やはり自分に自信のない母親の影響を受けていることが多いのですが、これらの負の連鎖を止めるために、S.R.Tセラピストの講座では、お父さんやお母さんに子供の頃に、どんな言葉を言われてきたかを聞いていきます。すると**今の自分の問題の解放すべき「前提」が見えてくる**のです。

子供の頃、「早くしなさい！　間に合わなくなるわよ！　どうしてそんなに遅いの！」と母親から繰り返し叱られていたことを思い出したある受講生の女性

（50代）は、「約束の時間のことを考えると気になってドキドキする。時間があり焦る必要がないのに焦って余裕のある行動ができない」と言います。

「落ち着かなくてあれこれ動いてしまい、結局時間に遅れてしまうかギリギリとなる行動パターンを改善したい」と望んでいました。母親から強く言われ続けた言葉により、「私は遅い。間に合わない」という前提を無意識で信じていたことに気づき、S.R.Tで**「5分前に到着する余裕のある私」**への書き換えをし、その後バタバタと出かけることは、ほとんどなくなったそうです。

過去は関係なく、幸せは全て脳が作り出すもの

自分に自信がない人には、そうなってしまった理由があるものですが、前提を変えることで脳はその認識通りに、あなたを変えてくれます。

また問題が起きた時に誰かのせいにして、その人を恨み続けるのは簡単ですが、こちらも脳の作用（スクリーニング）によって、またそのような人に出会う確率が高まってしまいます。

過去の嫌な記憶と一緒に思い起こされるネガティブな感情はS.R.Tで切り離し、**「家庭環境が悪かった」「あの人に傷つけられた」「あんなことさえしなければ……」**など、それらの考えを手放していきましょう。それらは、**幸せな未来を構築する脳の力を阻害するもの**だからです。

全てを許す必要はありません。これまで様々な問題を乗り越えてきた、あなたの中の純粋なパワーに意識を向け直し、S.R.Tでその力を高めてほしいと思います。

【コラム1】私の健康のヒケツ

私はよく、「いつも元気ですね」「若く見えますね」と言われています。その理由は、S.R.Tのタッピング効果だと思っています。セミナーでも受講生さんといつも一緒に行いますので、気の流れや血流の流れもよくなって、末端冷え性も解消されました。

ストレスが溜まらず、笑顔で過ごす時間が増えたのも大きいと思います。笑顔=口角が上がると、セロトニンやエンドルフィンなどの幸せホルモンが分泌され、若々しい自分でいられるようになるんです。またタッピングは顔をマッサージするのと同じ効果があるので、肌も綺麗でいられます。

悩みが思い当たらないからS.R.Tは私には関係ないと思った方でも、口角を上げてタッピングしてみてください。さらに気分が良くなり美肌効果も現れますよ。

事例コラム

七條高史様の場合

ここでは、実際にS.R.Tを受けた方の体験談をご紹介します。七條様には、過去に毎日がとても憂鬱な気分だった時期があり、日々つらい時間をお過ごしのようでした。

<体験談>

以前の自分は、過去の嫌な記憶やネガティブな思考に支配されていました。特に朝目覚めてから家を出るまでの間、なんで自分はこんなことばかり考えているんだろう、と。

タッピングを知ってから、とにかく習った通りに毎日やってみました。すると、気持ちをただ押さえつけて消すのではなく、きちんと鎮めることができるようになりました。

毎日繰り返していると、以前ほどにネガティブなことばかり考えていない自分に気づきました。あんなにネガティブな思考に支配されていたのに、自然とそんな時間が減っていったのです。

自分はこれでいいんだという前向きな気持ちが芽生え、そんな行動をしようと考えるようになりました。

自分は混んだバスや飛行機に乗るのが苦手で、狭いところに閉じ込められたような気がしてパニックみたいな状態になってしまうことがあります。ですが、そんな時にはタッピングをすると気持ちが落ち着きました。これをやれば大丈夫なんだという秘密アイテムがあると、どこへでも行けると安心できるものですね。

＊　＊　＊

S.R.Tをすることでつらかった日常を希望を感じる毎日に変えられた七條様。

例えば死にたくなるような日常であったとしても、それを変える力を誰もが持っているものです。

私は1人でも多くの方に、そのことを知ってほしいと思っています。

脳のメカニズムに沿ったセルフケア法

S.R.Tのセルフケアは、脳のメカニズムに沿った手順で行います。

これまでのタッピング手順から、初めての方へ少々難しい印象を与える原因となっていた、脳に葛藤を起こす恐れのある部分を省き改良しました。

扁桃体の興奮を下げる前半のプロセス（ネガティブ感情の解放）と、幸せな未来について思考する大脳新皮質を活性化させる後半のプロセス（ポジティブ感情の向上）を明確に分け、脳に葛藤や混乱を招かない、より優しいセルフケア法が完成しました。

今後も改良を重ね、より効果的なセラピーを目指していきます。

それでは次の章から、S.R.Tとはどういうものなのかを詳しく説明していきます。あらゆる角度から見たS.R.Tについても触れていきますので、ぜひ読んでくださいね。

第2章

絶大な威力を発揮するS.R.Tの秘密

S.R.Tとは

「S.R.T（ストレス・リリース・タッピング）」とは、イライラ、不安、緊張、悲しみなどのストレス感情や、体のコリ・痛みなどを短時間で消し去ったり、軽くしたりすることができる、**心身ストレスを解消するツボのタッピング法**です。

頭や顔のいくつかのツボを軽くたたく（タッピング）ことで、脳へ働きかけ、心身のストレス反応を素早く解消することができます。

子供やご年輩の方でも簡単に覚えられ、すぐに使うことができるのが特徴です。
さらに、2〜3分で効果を感じる場合が多く、副作用もありません。

また、こんな時にも使えます。

・コミュニケーションへの不安や自信のなさを解消したい
・職場や家庭でイライラやストレスを感じる
・不安・パニック症状や依存症の改善
・体のかゆみ、痛み、冷え、疲れ、不眠などの問題
・集中力やモチベーションをアップさせたい
・その他、目的に合った言葉の選択であらゆる悩みに使える
・トレーニングを積めば、他の方へセラピーが行える

S.R.Tのセルフケアの基本手順《感情の解放》

ここからは、S.R.Tを使った感情のセルフケアの基本手順を具体的にお教えします。

❶ 消したい感情と場面を決めます

例えば、「○○を失った悲しみから解放されたい」「上司に嫌なことを言われたイライラを消したい」「明日のプレゼンの緊張を鎮めたい」など。

❷ 体の反応を見つけます

その感情を思い浮かべた時の体の反応をみます。「思い出すと胸が苦しい」「みぞおちが痛い」「肩に力が入る」など。

③ 感情、反応を数値化します

感情、反応ともに1～10の数値を出します。例えば、ものすごく腹が立つ場合は10を、少しイラっとする程度なら4を。この感覚は、自分がこうだと思う数値で問題ありません。

・イライラする気持ち……9
・胸の苦しさ……8

④ セットアップをします

セットアップフレーズといわれる短い文章を作ります。例えば「**上司の、あの言葉を思い出すとイライラする。これを解放します**」「**あのことを思い出すと怖いけれど、これを認めて手放します**」など。言葉を決めたら、セットアップポイント（45ページ参照）を刺激しながら、決めた言葉を呟いていきます。

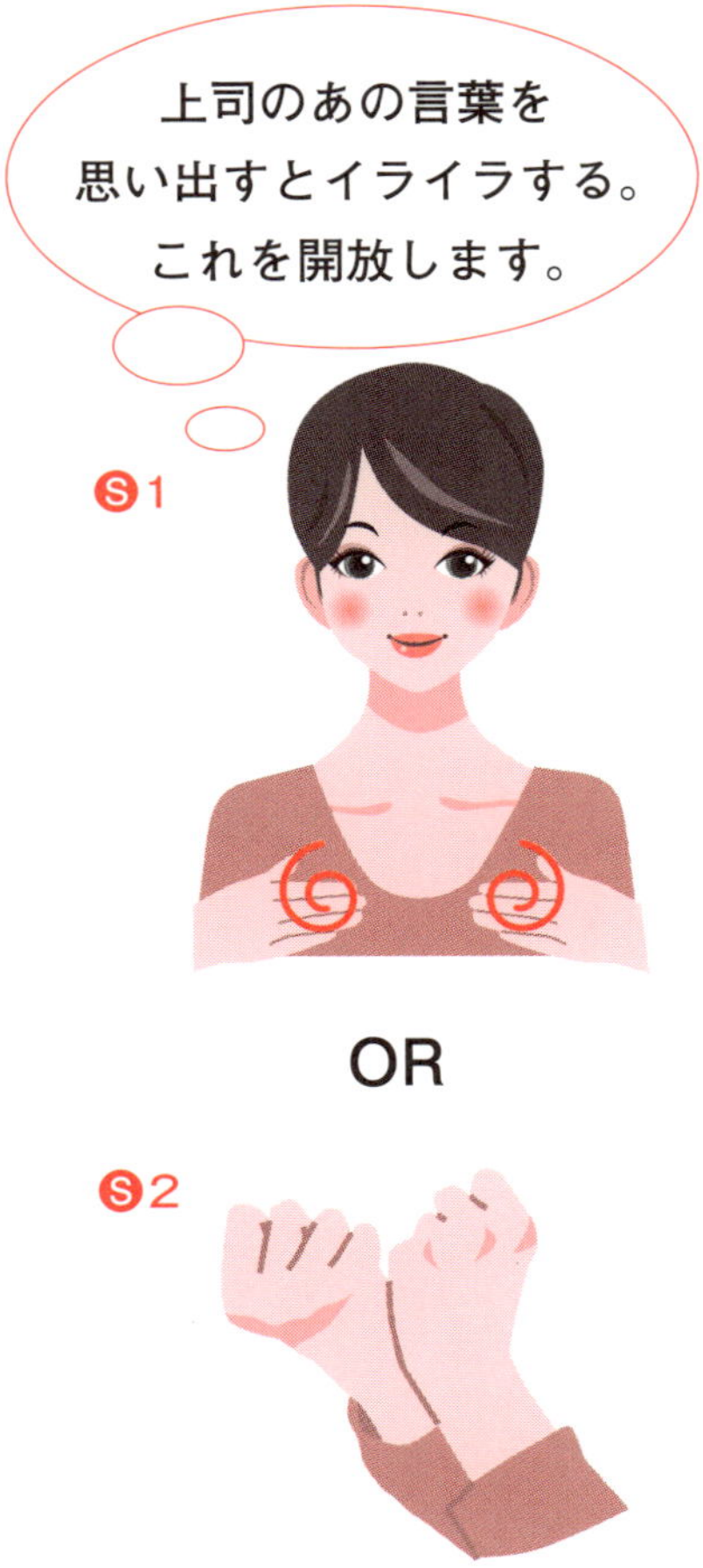

Ⓢ1をさするか、Ⓢ2を軽くたたきながら3回繰り返し言う

セットアップポイントは**2か所**あります。**胸の圧痛点《Ⓢ1》**と**空手チョップポイント《Ⓢ2》**です。胸の圧痛点は乳首の5センチぐらい上です。筋が張った場所で、強く押すと少々痛みを感じます。ここを円を描くようにさすります。次に空手チョップポイントは、実際に対象物と接触する場所です。**左右の空手チョップポイントを軽くぶつけるように刺激**します。

胸の圧痛点と空手チョップポイントの**どちらか使いやすいほうを選んで**使ってください。これらはどちらも経絡上のツボです。経絡に振動を与える目的で使いますので、実際の位置とずれていても問題ありません。

では、決めたセットアップフレーズを3回繰り返しながら、胸の圧痛点をさするか、または空手チョップポイントをたたいてください。

セットアップポイント

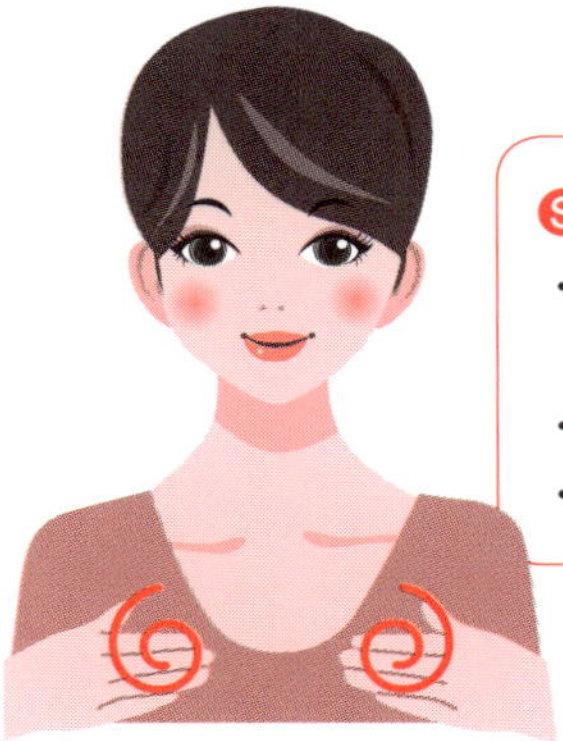

Ⓢ1 胸の圧痛点

・乳首から約5cm上。硬く筋が張っているところ。
・円を描くようにさすります。
・片方だけでもOK

OR

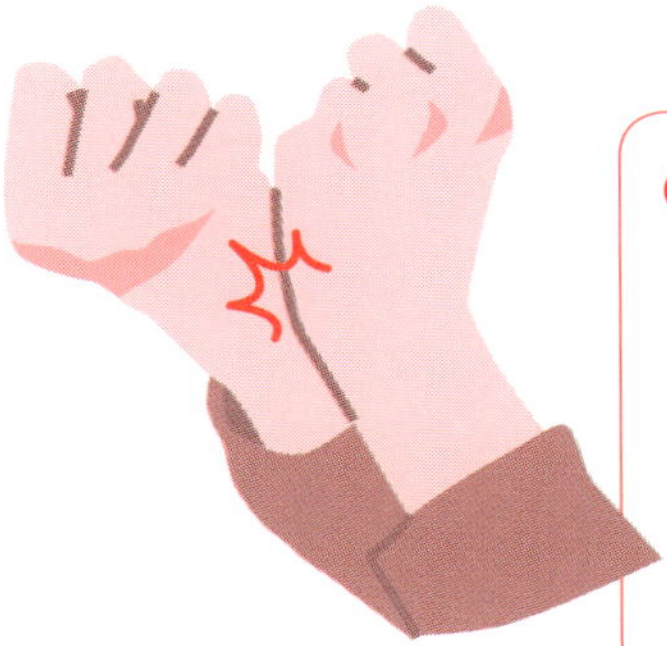

Ⓢ2 空手チョップポイント

「後谿」(ごけい・小腸経)

・小指の付け根と手首との中間の位置。空手チョップで対象物に接触するところ。
・両手の空手チョップポイントをトントントンと軽くぶつけます。

⑤ タッピングをします

8か所のツボⒶ〜Ⓗを2本の指でタップしていきます。片方だけでも問題ありませんが美容効果を期待する場合は両方がおすすめです。Ⓗは片方でOK。

ツボをタップしながら、自分の気持ちや体の反応を繰り返し言っていきます。ツボⒶ〜Ⓗのタップを1周として3回繰り返します。基本の感情解放では、1周目は「イライラする！」などの気持ちを表す言葉、2周目は「胸が苦しい」、3週目は「胸に圧迫感がある」など、なるべく体の反応に意識を向けながらタップします。

3周以上のタップで体の変化や気持ちの変化を感じられます。変化が感じられない時は、体の反応に集中してもう3周繰り返してみてください。これまで抑圧が強かった方は、一時的に感情のスコアが上がる場合が多いです。そんな時は、少し休憩してから、再び④から行ってください。その場合も体の反応に集中してタップすると変化を感じやすくなります。落ち着くまで繰り返しましょう。

S.R.Tタッピングポイント

Ⓐ頭上……百会（ひゃくえ・督脈）
Ⓑ眉頭……攢竹（さんちく・膀胱経）
Ⓒ目の横……瞳子髎（どうしりょう・胆経）
Ⓓ目の下……四白（しはく・胃経）
Ⓔ鼻の下……水溝（すいこう・督脈）
Ⓕあごのくぼみ……承漿（しょうしょう・任脈）
Ⓖ鎖骨のくぼみ……兪府（ゆふ・腎経）
Ⓗ脇の下（脇のくぼみから約10cm下）……大包（たいほう・脾経）

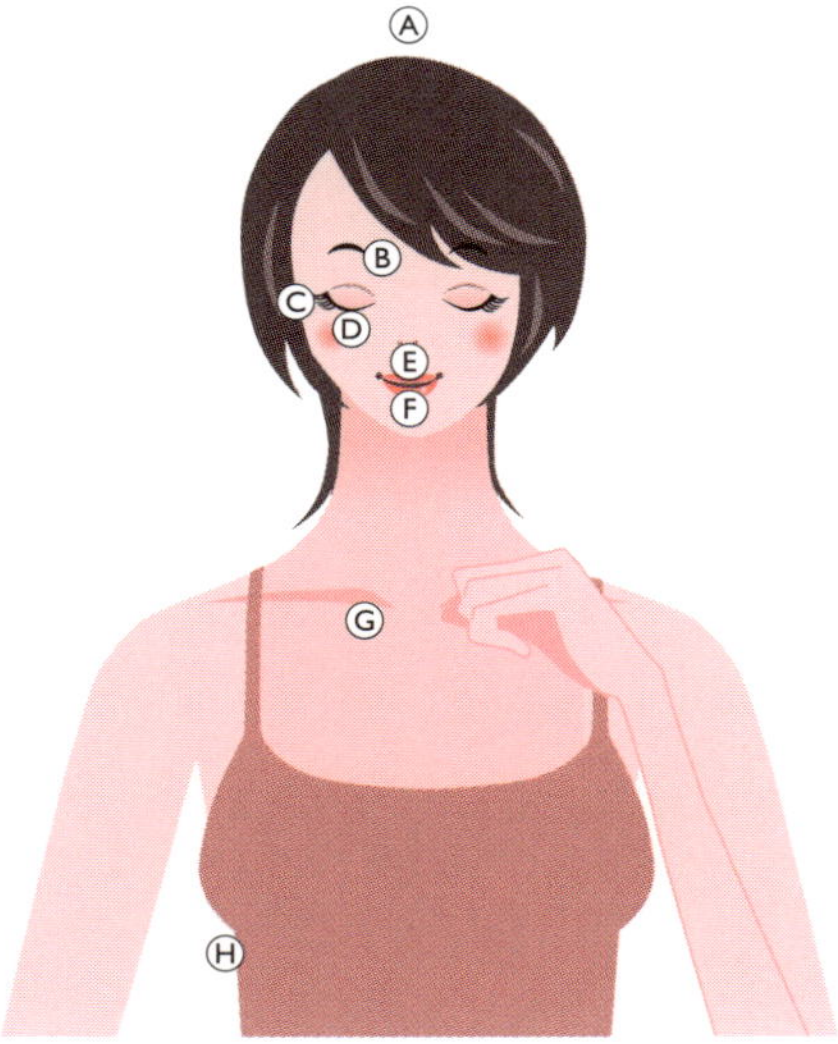

	A	B	C	D
1周目	イライラする	イライラする	イライラする	イライラする
2周目	胸が苦しい	胸が苦しい	胸が苦しい	胸が苦しい
3周目	胸に圧迫感がある	胸に圧迫感がある	胸に圧迫感がある	胸に圧迫感がある

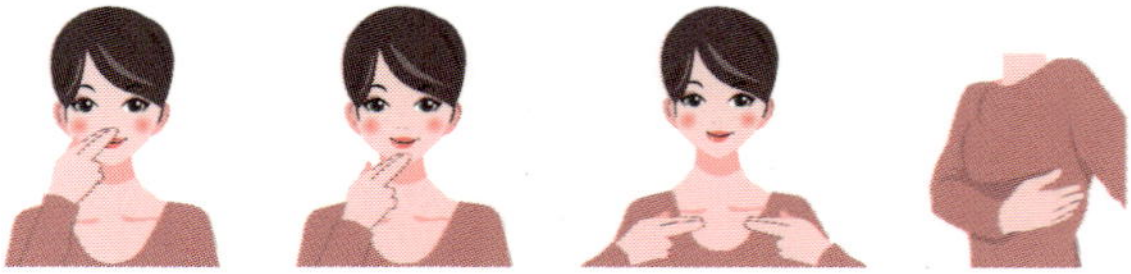

E	F	G	H
イライラする	イライラする	イライラする	イライラする
胸が苦しい	胸が苦しい	胸が苦しい	胸が苦しい
胸に圧迫感がある	胸に圧迫感がある	胸に圧迫感がある	胸に圧迫感がある

※表現する言葉は途中で変えても大丈夫です。
(例)「ギューッと押されるみたい」など、さらに言いたい言葉が出てきたら、タッピングを繰り返しどんどん言ってください。

⑥深呼吸と水分補給をします

1、2回深呼吸をしてから、水分補給をします。感情や気の流れが動くと水分不足になりがちです。喉が渇いていないと思っても、水分を口にしてください。この時、口にする飲み物はノンカフェインにしましょう。

●変化が感じられない時
……②の「体の反応」にさらにフォーカスして、もう3回繰り返します。

●スコアが上がってしまった時
……感情の抑圧が強かった時は一時的にスコアが上がります。休憩をしながら、②の「体の反応」にフォーカスして、落ち着くまで繰り返しましょう。

⑦ スコアの再確認をします

③の感情と反応の数値を確認します。数値が減っていたら⑧へ進みます。

③の数値の減少を感じられたら
⑧へ進みます。

❽ プラスのセットアップとタッピングをします

感情が落ち着いてきたら、次に穏かさやポジティブな気持ちを高めるセットアップとタッピングをします。どうありたいのか？ を考えてみましょう。

例えば「少し落ち着いてきた。これからは〇〇さんの言葉が気にならない私になっていきます」や、「少し楽になった。さらに穏かな気持ちになっていきます」「望まない状況にばかり意識を向けてきたことに気づいた。これからは、どうありたいのか？ に集中する私を選択します」などでセットアップします。

タッピングは、「少し落ち着いてきた」「もう気にならない」「仕事に集中できる」など、こうありたいを表す言葉を使います。**ハードルを上げ過ぎず、自分にとって無理なく心地良い言葉を使うことが大切**です。

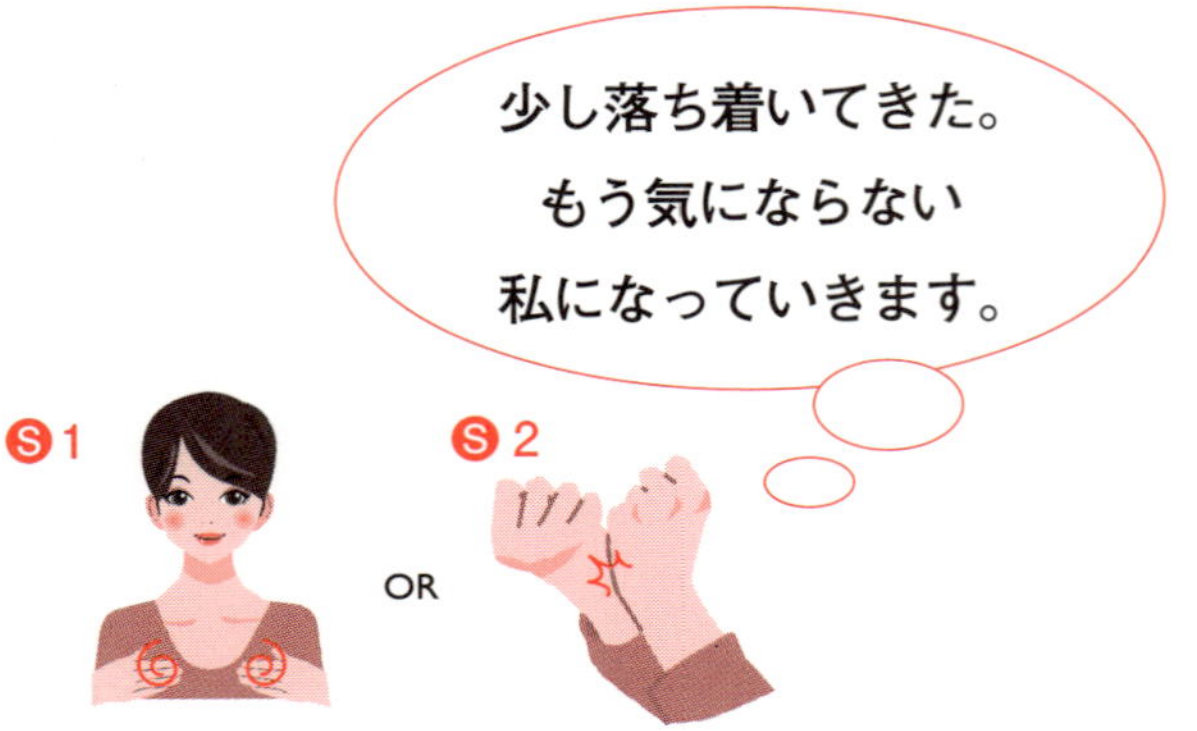

S1をさするか、S2を軽くたたきながら３回繰り返し言う

プラスのタッピング

1周目	少し落ち着いてきた	少し落ち着いてきた	少し落ち着いた
2周目	胸が楽になってきた	胸が楽になってきた	胸が楽になった
3周目	気にならなくなる	気にならなくなる	もう気にならない

「こうありたい」という状態を言っていきます。思いつく言葉を自由に言ってください。３周以上繰り返します。

⑨ 深呼吸と水分補給をします。

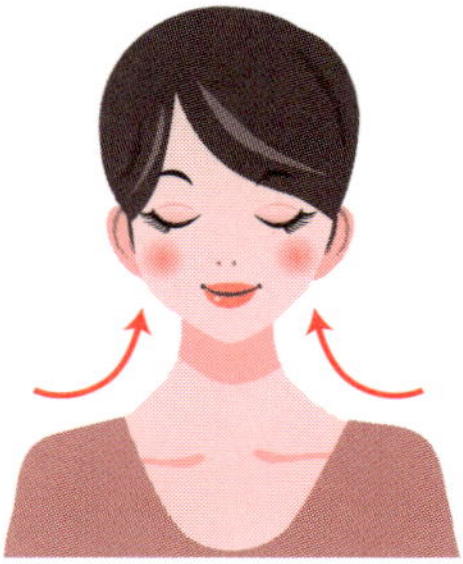

&

⑩ 再度、感情と反応のスコアを確認します

①で頭に思い浮かべた場面と相手を再び思い浮かべ、自分の感情や体の反応がどうなっているかを確認します。

①～⑧を書かれている通りに行うだけで、行う前の自分とは違う状態になっていることを実感できるはずです。

体の反応の変化のほうが感じやすいです。言葉を変えて⑧を繰り返せば、さらに穏やかさやポジティブな感覚が高まります。

事例コラム

遠藤裕子様の場合

ここでは、実際にS.R.Tを受けた方の体験談をご紹介します。遠藤様は、看護師をされていますが、S.R.Tのインストラクターでもあります。彼女はご自身がS.R.Tでストレスから解放されたことをきっかけに、伝える側になられた方です。

〈体験談〉

以前の私は、ストレスの原因を解決したくて、毎日その嫌なことについて考えました。どうしてああなんだろう、こうなんだろうと怒ったり、悲しんだり、嘆いたり。ぐるぐる考えても、「相手のあることだから」と結局何も変わらない無限ループに……。

タッピングをするようになり、そのぐるぐる思考をいつの間にかしなくなっていました。また「相手は変えられないこと」を理解したら、人に対するイライラもなくなってきたのです。

そのかわり、自分がやりたいことや、未来について考えたり、いろんなことにチャレンジをして人生を楽しめるようになりました。

今は効果的な刺激で早く気持ちを切り替えて、「なりたい自分」に戻ることを心がけています。そして、見えないストレスから病気になってしまった人を薬ではなく、自分自身で元気を取り戻せるようなお手伝いをしていきたいと思っています。

＊　＊　＊

ストレスの苦しみを実体験で理解しているからこそ、同じ思いを他の方にさせたくないという、優しさと思いやりある遠藤様のようなインストラクターを増やし、健康で力強く生きる人が増えることを願っています。

スコアで的を絞りツボタップで消えていく

S.R.Tを行う際にはじめにするのが感情や反応のスコアの判定です。感情や反応のスコアの判定には、自分を客観視してもらう役目と消したいものへしっかりと意識を向け的を絞る意味があります。

どのくらい私は嫌がってるのだろうか、どのくらい苦しいのだろう、と自分を観察する作業により、消したいものへ意識を集中させることができます。

タッピングをする場所は、全て経絡上のツボです。ここをタッピングすることで、脳のストレス反応（脳の興奮状態）を抑える効果があります。脳科学ではすでに明らかになっていますが、ストレスを感じる時は脳の扁桃体が興奮している状態です。そしてツボをタッピングすることで、扁桃体の興奮が治まるということは、「タッピングソリューション」の本にも書かれています。

また、感情の乱れと共に、経絡（体内の気）の乱れが起こり、様々な身体反応が表れますが、ツボを刺激し経絡が正常化すると、これらの気の乱れが収まり、身体反応が落ち着き始めます。ここにS.R.Tの秘密が隠されています。

嫌な感情の記憶は変わらずあるのに、タッピングの刺激で身体反応が消えていく——つまり、嫌なことを思い出しても胸のむかつきが起こらなかったり、怒ろうとしても体がこわばったりしないということです。

体が反応しないので、自分の中で「あれ、私、もうあのことに対して、何も思わなくなったのかな？」と無意識に考え始めます。そうなると、感情のスコアも低くなっていき、嫌な記憶がどうでもよいものになっていくのです。

S.R.Tから見たイライラや不安のメカニズムとは

イライラや不安を感じた時、人は外部要因が関係していると思いがちです。ですが実は、反応を起こしているのは自分自身なのです。もっと言えば、あなたの脳の反応ということになります。

その他の感情も同じ。怖いと感じたり、焦ってしまったり、あがってしまったり……どれも、あなたの脳のメカニズムによって引き起こされている症状になります。

S.R.Tを使って脳の反応を変えてあげることで、イライラや不安に振り回される時間はぐっと短くすることができますよ。

【コラム2】私がセラピーを行う上で大切にしていること

私はセラピーを行う際の心構えを、とても大切にしています。私がセラピストだからクライアントが来るのではなく、クライアントさんが来てくれるから、セラピストとして存在できるという考えに基づくものです。

クライアント1人1人に感謝の念を持ち、まだ形になっていない、その方たちが持つ素晴らしい可能性を確信し、セッションさせていただいています。

サロンに来られる前と帰った後には、その人が笑顔で過ごしている様子を思い浮かべます。繰り返し来られている方の場合は、その方を思い出した時には、ご本人の望んでいるなりたい姿になった様子をイメージし、そうであるようにと祈ります。過去に叔父のことで祈った結果、現状が大きく変わったという経験をしており、私は祈りの力を信じているからです。

セッションにいらっしゃる皆さんが、ご自身の力で人生に嬉しい変化を次々に起こし、喜び溢れる生き方をしていただけるよう、私も真摯に学び続け、純粋さと力を与えられる自分でありたいと思います。

【コラム3】コーチング・コンサルとS．R．T

コーチングで目標達成に導く際、クライアントの感情的ブロックがある場合、なかなか先に進むことができません。S．R．Tは、それらを簡単に解除できます。また、自己価値やセルフエフィカシーを上げることもできます。

経営者は不安感が強い人が多いですが、会社を切り盛りしていく上で当然のことだと思います。だからこそ、S．R．Tで不安を抑えず、認める習慣を持ち、その反応はどこから来ているのか、どう利用すれば良いのか、その都度明確に切り替えていくことが必要だと思っています。

S．R．Tでいつも笑顔でいられるようになったある社長様がいます。周りに「あの会社はうまくいっているようだ」という印象を与えることができ、一緒に仕事をしたいというオファーが増えて業績アップに繋がりました。今も明るい社長の元で、社員の皆様も安心して働いていらっしゃいます。

東洋医学から見たS.R.Tとは

S.R.Tで使っている経絡やツボは、科学的にも証明され、WHO世界保健機構もその存在を認めています。また近年、西洋医学的証拠も明らかになりました(キム・ポンハン)。

心身一如《しんしんいちにょ》の考えに基づく東洋医学において、はり治療は心と体の調和を図るためのものとされています。

経絡は全部で12本（胃経、脾経、心経、小腸経、膀胱経、腎経、心包経、三焦経、胆経、肝経、肺経、大腸経）あり、プラスとマイナスのエネルギー力の経路です（カバー折り返しのイラスト参照）。エネルギーは、経絡を通って体の各部分へと供給されます。この流れがスムーズだと心と体は調和し、体は最も効率よく機能するのです。

経絡はそれぞれに対応する感情があるとされています。例えば恐れの感情は膀胱経です。怖さを感じる時はトイレに行きたくなりませんか？　子供が悪夢を見た時におねしょをしてしまうのもこれに関連があります。

また胃経は、目の下から口角へ繋がる筋肉を通っていますが、ここは笑うことで刺激を受ける部分。笑っているとお腹が空きやすくなるという経験はないでしょうか？　笑うことで、胃経が刺激され循環が良くなるためです。

脳科学から見たS.R.Tとは

脳科学的に見てみると、ストレス感情に翻弄されている時は、脳の扁桃体が興奮している状態のことを指します。私たち人間が不安や恐怖を感じると、大脳辺縁系にある扁桃体が興奮を始めます。つまり扁桃体は、ストレス反応を引き起こす引き金（警報装置）になるということです。

その扁桃体から「不安や恐怖に対処せよ」という指令が脳の「視床下部」という部分に伝えられます。視床下部は自律神経やホルモンの分泌、情報伝達に関わっていて、副腎からストレスホルモン（コルチゾール・アドレナリン・ノルアドレナリン）を分泌させます。

これらのホルモンは血流にのって全身を駆け巡り、体内の様々な臓器に指令を伝えます。指令は心臓にも伝わり、心拍数、血圧を変化させるのです。だから人は、心臓がドキドキすると感じるわけです。

指令は自律神経（交感神経と副交感神経を合わせた神経系の総称）にも伝わり、全身の血管を収縮させ、血圧を急激に上昇させます。すると末端へ血液が回らなくなり、指先が冷たくなるのです。

末端冷え性の方がいらっしゃいますが、それはストレスが関係しているというのがわかりますね。


また血中にストレスホルモンが増えると、肝臓に貯蔵されている糖分が血液中に放出されるなど、臓器や組織に様々な影響を及ぼしてしまいます。

ツボへの刺激が扁桃体の興奮を解除できるというのは、ハーバード・メディカルスクールやドーソンチャーチ博士の研究で答えが出ています。

S.R.Tは、これを応用したものでもあるので脳の最適化に役立つことがわかっていただけると思います。

S.R.Tとカウンセリングの違い

それは、1人でできるかできないか、ではないでしょうか。

また体に物理的な刺激を与える悩みの解消法というスタイルも大きく異なる部分です。

カウンセリングは、カウンセラーと話をしながら心に抱えているものを手放すように仕向けるものです。ですがS.R.Tは、自分1人で簡単にでき、カウンセリングについての知識がなくても行えます。

またカウンセリングを受けていると、どうしても**カウンセラーに対して依存し**

てしまう方がいます。

ですが私のところに来られる方は、どんな悩みを抱えている人でも、2、3回で来なくなる（来る必要がなくなる）ため、**依存することもありません**。また、心療内科のカウンセリングでは、薬を処方されることが多いですが、薬のみに頼らず、S.R.Tでうつ症状を克服できた方もたくさんいらっしゃいます。

もう1つ違いがあります。**それはスピード**。

カウンセリングは、数週間から数年かけてゆっくりとその人の心を和らげていきますが、S.R.Tのセッションでは、20分や30分ぐらいで充分変化に気づくことができます。あまりにも短時間で変化を見ることができるため、実際に受けてみないと信じられないという人がほとんどです。

心理カウンセラーの中には、タッピングの凄さを理解し、クライアントの精神的・経済的負担を軽減させるためにと学びに来ている先生もいます。素晴らしい貢献意欲と向上心に感動いたします。

マインドセット(自己暗示)とS.R.Tの関連性

S.R.Tでは、8番目の工程で「プラスのセットアップとタッピング」をします。このポジティブな言葉を使う工程が、より良い行動に繋げるための自己暗示になります。プラスのイメージを言語化し、タッピングをすることによって、何もしない状態よりも脳に強く影響を与えることができます。プラスの言葉を上手に選ぶことができれば、即行動に移すことも可能です。

例えば、家の掃除をしなくてはいけないのに、できなくてそんな自分にイライラするような時。まずは自分の中に抱えている「掃除をやりたくない」という気持ちを吐き出します。タッピングをする時に使う言葉は「掃除は嫌いだ」「やりたくない」などでいいでしょう。そうすると、「やらなければ！　×　でもやりたくない！」という心の葛藤がおさまり、苛立ちが落ち着き始めます。

苛立ちが落ち着くと、心地良さに意識が向けられるようになります。そこで、こんな言葉を使いながらタッピングして、その意識を高めていきます。

「掃除をすると気持ちがすっきりする」や「空気が綺麗になりそう」や「爽やかに仕事に集中できそう」や「掃除をすると、ぐっすり眠れそう」など。

掃除をすることで得られるメリット（心地良さ）をイメージと共に感じながら行えば、とても清々しい気分になれます。そしてより清々しさを得たくなり、無理なく行動に移せることが多いです。

【コラム4】自分100%で生きること

脳のメカニズムから物事をみると、家族等人間関係の全て、仕事や経済に関する全て、心身の健康に関する全て、宇宙やスピリチュアル的なことも、全てが脳内で起こっています。

自分100%で生きるというのは、この脳のメカニズムに沿った考え方であり、どんなストレスもトラブルも全ては内部条件（自分の考え、自分の意志）によって起こっているという認識の元で生きるということ。

この考え方を身に付けると、あらゆる全ての物事を自ら創造する力を同時に得ることになります。コミュニケーションも経済も目標の実現も全てが自分の意志にゆだねられるのです。

また、ストレスやトラブルが起こった時に、それらを成長するタイミングに見事に変換できる考え方でもあります。

はじめは少しだけ難しいかもしれませんが、あなたも「自分100%」で真の自由を手に入れてみませんか？

メンタルコンディションチェック

常に今の感情が、どういう状態なのかを自分で把握しておきましょう。「抵抗を感じているな」とか、「否定的な気持ちを感じているな」など、自分の心がどんな時にネガティブな反応をするのかを知ることで、タッピングをするタイミングがわかるようになります。

例えば、友達と待ち合わせをして相手が遅れてきた時、何分遅れてきたらイラっとくるのかをあらかじめ理解しておくなどです。「それでも私は大丈夫」とタッピングしておけば、イラつくことはありません。相手が来るまでの時間を落ち着いて有効に使えます。

また、『過度の一般化』といって、実際には前の状況とは違っているのに、同じような扱いをされたと判断してしまい、相手に怒りをぶつけたり、落ち込んだりしてしまうことも。

「いつもそうだ」とか、「みんなそうだ」という考え方が浮かんだ時には、要チェック！　本当に皆がそうなのだろうか？　と自分自身に問いかけてみてください。幸せな良い出来事や時間を創り出すのは、ポジティブな気持ちや考え方に他なりません。

タッピングでポジティブな気分を高め、どんどん幸せを増やしてくださいね。

S.R.Tで悩みを言語化する理由

悩みがある時、誰かに話すことで気持ちが楽になったり、紙に書き出すことで思考の整理ができたり、という体験をしたことがあると思います。これは、それまで頭の中でただぐるぐる回っていた悩みや苦しみを「言語化する」ことで起こる効果です。

言語化するためには、自分自身がそれらの悩みや弱みに目を向ける必要があり、目を向けるからこそ今の自分に気づけて、改善の方向へ意識を向けることができます。相手がいなくてもこの効果は変わりません。

悩みを言語化し、吐き出していく習慣により、モヤモヤウツウツにとらわれる時間は、大幅に減ることでしょう。

ネガティブな気持ちを繰り返し言う理由

怒りの気持ちを繰り返し言ったり、ネガティブな出来事について繰り返し言葉にしたりすることに抵抗を感じる方もいらっしゃるかもしれません。

しかしこれは、あなたの大脳辺縁系で起こっている興奮パターンを**「再プログラム」**するためにとても必要なプロセスです。

この手法は不安障害の改善に用いられる、エクスポージャー・セラピー（暴露療法）と呼ばれる心理テクニックがベースになっています。

※ツボタッピングというプロセスを加えたことで、よりスピーディに解放が起こっています。

ストレス感情が引き起こされる嫌な場面や記憶を具体的に思い出すと、〝大脳辺縁系の扁桃体が興奮し〃、体にストレス反応が起こります。(胸の辺りがザワザワしたり、呼吸がしづらくなったり、肩にキュッと力が入る、指先が冷たくなる、など)

ハーバード大学の長年の研究により、ツボ刺激が扁桃体の興奮を抑え、心身のストレス反応を解除することはすでに実証済みですが、実際に脅威となる考えや記憶に対しストレス反応が起こっている時に、ツボタッピングを行なえば、数分で落ち着き始めます。

反応が落ち着くとその考えや記憶に対し、「実際には危険なものではないのだ」と、海馬が新たな反応を学習します。この新たな学習のためには、いったん扁桃体を興奮させるプロセスが必要であり、それにはその場面に関連するネガティブな気持ちを言語化するのが最も有効な方法になります。

声に出したくない。または声を出せる状況にない場合は、脳内で言葉を繰り返しながら、タッピングを行っても大丈夫です。

S.R.Tを行う前の注意点

S.R.Tを行っていると、思いもしなかった大きな感情が出てくることがあります。言葉にするのもつらい時は何も言わずにタッピングだけしてください。自分が抱えているものが大きいかもしれないと思った時は、1人で行わないことです。セラピストのサポートを受けながら行うことをおすすめします。

S.R.Tはいつでもどこでも使えるのが特徴です。繰り返し思い起こされるストレス感情は、なるべく早めにタッピングで解消しましょう。

「イラッ」とした感情は、抑えることで勝手に消化されるものもありますが、残るものもあります。ストレス感情が残っていると、次に同じことが起こった場合、1回目の時よりも反応が強く出ます。職場であれば、お手洗いで心でつぶやきながらタッピングしましょう。**嫌な気分を残さない・影響受けないあなたへとリセット**できるでしょう。

また、お風呂など、一人で気楽にタッピングできる空間も効果的です。その際には、水分補給を必ず忘れないようになさってください。

S.R.Tを継続して行うことで出てくる効果

・人間関係が良くなる

・自分が好きになり毎日が楽しくなる

・やりたいことが見えてくる
・何事にも自信が持てる
・自分の可能性が信じられるようになる
・体調がよく心が安定する
・積極的になれる
・他人や家族に優しくなれる
・目標の実現が加速する

というような効果があります。

補足として、最後の目標の実現が加速する効果について説明します。脳には**「スクリーニング効果」**といって目的意識を持つと、それに関連した情報が飛び込んでくるという仕組みがあります。情報が飛び込んでくるとは、例えば新しい赤いバッグが欲しいなと思っていると、街に出た時に普段以上にやたらと赤いバッグが目につく、という意味です。

私の講座では、それを体感してもらうこんなワークを行っています。目を閉じて、「赤色が飛び込んでくる」と3回言葉を発してもらい、目を開けて部屋の中を見ると、皆さんの目にパッと赤いものが入ってきます。

次に「青色が飛び込んでくる」に変えると、今度は青いものが飛び込んできます。目的意識を持つと脳は受信するものを即座に変えることがわかります。

意識のベクトルが変われば、なりたい自分になれます。

仕事で失敗した時、失敗したことを何度も考え、後悔している場合などは、

「意識の矛先は失敗した自分」となっています。これでは成功に必要な情報が入ってきません。そうではなく「うまくいく自分・達成できる自分」について考えることで、脳がそのための情報を受信できるようになり、必要なことに気づけるのです。

失敗への後悔の気持ちはタッピングしながら小さくし、次に「成功に向かい集中している」「どんどん達成に近づいている」などの言葉でそんな自分の姿をイメージしながら、タッピングしていきます。すると、うまくいくための情報が書籍や人やメディアなどから入ってきたり、ふと閃いたり、ということが次々と起こるようになります。

あなたが持っている脳のすごい力です。

はっきり言って、**S.R.Tを行えば人生が変わります。**毎日が喜びの多いものになります。

私は皆さんの人生に喜びを増やしたいと思っています。苦しんでいた時間を喜びを創造する時間に変えてください。S.R.Tを使えば、それができます。

ただ、長年の脳の認識のパターンを変えるには、繰り返し行う必要があります。1回や2回行っただけでは、「スッキリした」というぐらいにしかならないため、繰り返しS.R.Tを行うことを推奨します。

【コラム5】私の趣味

私は世界で1番長く続いている（2600年以上）歴史あるこの国、日本が好きです。そして日本の神話や神道が好きです。18年ほど前にヨガの宮本辰彦先生に出会い、神道について学ばせてもらうことによって、神様や神社が好きになりました。

宮本先生は現在、日本の美しい和の精神を海外にも広めるために、国内外で熱心に活動していらっしゃいます。

私が特に好きな神社は、三重県鈴鹿市にある椿大神社。主祭神は、導きの神、猿田彦大神です。以前に宮本先生について滝行も経験させてもらいましたが3回で挫折しました。その後は年に数回訪れ、クライアントさんが本当に望む方向へ進むための、より質の高いサポートができるようにと、志と感謝を伝えに行っています。

また、瞑想もよく行います。瞑想は脳の前頭前野を活性化し、創造力を高めたり、感情のコントロールがさらに容易になることが知られていますね。

◆実例コラム

田中洋子（仮名）様の場合

ここでは、実際にS.R.Tを受けた方の体験談をご紹介します。田中様は２人のお子さんがいます。同居中の義母とうまくいっていないようでした。

〈体験談〉

S.R.Tに出合う前は、同居の義母からの言葉や行動がとても気になり、いつも義母の視線を感じながら生活をしていました。

ストレスから胃痛、腰痛が常にある状態です。そんな時にS.R.Tに出合い、頑張っていた自分を認められるようになり、自由になっていいんだ、なりたい自分になってもいいという許可を自分に出せるように……。

すると胃痛、腰痛はすっかりなくなったのです。今では、学びたいことを学び、行きたいところに行き、なりたい自分に近づけるようになりました。

また、こんなこともありました。仕事中、頭が痛くなったのですが、忙しくて病院に行く暇がない時に、S.R.Tで「頭が痛い、痛い」「どーんと鉛のように重い」とタッピングします。すると痛みは消えていき、仕事が続けられるように。

家へ帰り落ち着いてタッピングをし、仕事での不安を解放し、前向きな自分、笑顔な自分になります。S.R.Tを学んでからは、体の不調で病院へ行くことはなくなりました。

＊　＊　＊

S.R.Tを使うと、病院へ行かなくても大丈夫な体になれます。私もS.R.Tに出合ってからは、ほとんど病院には行っていません。体の不調は、心のバランスが取れていないというところから来ているからです。皆さんもS.R.Tを使って、心身ともに健康な日々を過ごしてくださいね。

◆実例コラム

ヒロさん（男性）の場合

ここでは、実際にS.R.Tを受けた方の体験談をご紹介します。ヒロさんは脳出血で倒れ、半身麻痺という状態になり、現在リハビリに取り組んでいらっしゃいます。

<体験談>

私は一昨年、脳出血により倒れ、命はとりとめましたが、半身麻痺という重い後遺症が残りました。職や自動車運転免許等々失ったものは多く、病院のベットでは失ったものへの絶望感と将来への不安にのみ込まれそうになっていました。

そんな中で加藤先生にメールをしました。すると私に、励ましの言葉と共に、麻痺回復のためのセットアップフレーズを考えて送ってくれたんです。とても嬉しく、ありがたかったのを覚えています。私は動く片手でタッピングを何度も何度も行い、そのうち不思議と絶望や不安が薄らいでいくのを感じました。

もうすぐ病気に倒れて、1年半が経ちます。麻痺は残り、障害認定を受けてしまいましたが、色々な方やタッピングのお陰で体も少しずつよくなってきています。もちろん、タッピングだけで後遺症が治るわけではないので、並行してリハビリも行っています。

あの時、加藤先生にセットアップフレーズを教えてもらって本当に良かった。ありがとうございます。

これから社会復帰に向けて頑張るというのは決して楽なことではありませんが、タッピングというお守りがあるので大丈夫だと思います。本当にありがとうございました。

＊　＊　＊

前向きに頑張りたい時、自分への勇気づけにS.R.Tが役立ちます。ヒロさんは同じような悩みを持つ方を支援したいと思っている方で、美しく強い心をお持ちです。

乗り越えられない試練はないのだとヒロさんの姿にいつも学ばせてもらっています。これからも応援し続けます。

第3章

S.R.Tの処方箋
この悩みにはこの言葉を

ネガティブ感情を手放す作業

S.R.Tは、あらゆる出来事に貼り付けられた「ネガティブ感情のラベル」を剥がして、あなたが望むラベルに貼り替えていく作業です。

具体的には、ネガティブ感情を生み出すセルフトークを認めて手放し、なりたい自分に相応しいセルフトークに変えていきます。

次のページから、実際の悩みに対応した処方箋を用意しました。必要な箇所のS.R.Tを行ってみてください。

【感情の解放の基本手順についての補足】

第2章で、感情解放のセルフケアのやり方について基本手順をご紹介しました。ここで、手順の意味について少し補足させていただきます。

・感情解放の基本手順⑧のプラスのセットアップとタッピングは、扁桃体（動物脳）優位の脳の使い方から、大脳皮質（人間脳）優位の使い方へとシフトさせるためのものです。ですが最初のタッピングでネガティブスコアを低下させてからではないと、心の中（頭の中）で葛藤が起こり、難しくなります。感覚の変化や気持ちの落ち着きが得られてから、⑧へ進んでください。

・時間のない時や、とにかく感情を落ち着かせたい時は、感情解放の基本手順⑤のネガティブ解放まで終了し、深呼吸と水分補給をします。

・ネガティブスコアが高い場合（7以上）は、ツボⒶからⒽまでを1セットとして、5セット以上行ってください。

・⑧でのポジティブタッピングは、3セット以上が基本です。行動力を高めたい時などは、自由に増やしてください。

タッピングの途中で言いたい言葉が浮かんできたら、ぜひ使ってください。より効果を発揮します。

手順について《美容と健康》

ここでは美容と健康の問題に対する手順についてお伝えします。

❶ その問題に対してどのくらい苦痛を感じてますか？

【スコア1～10】

❷ セットアップ（セ）のフレーズを3回言います

※セットアップポイント、Ⓢ1、Ⓢ2のどちらかを刺激しながら

Ⓢ1
胸の圧痛点

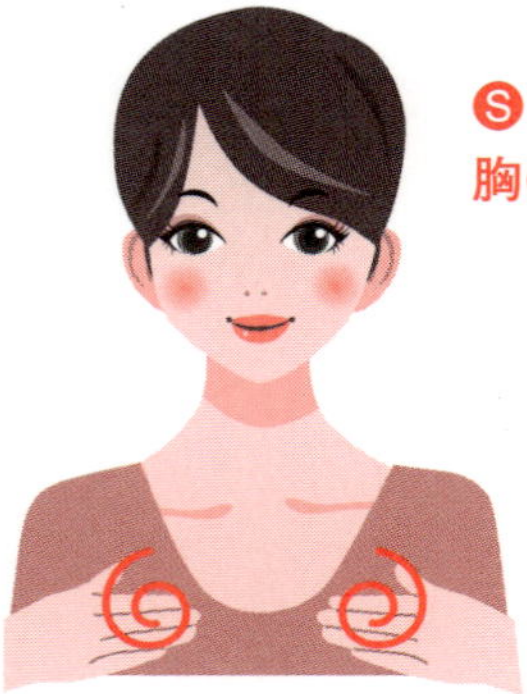

自分だけ老けている気がするけれど、この思い込みを解放します。

Ⓢ2　空手チョップポイント

Ⓢ1をさするか、Ⓢ2を軽くたたきながら 3 回繰り返し言う。

❸タッピング（タ）の言葉を繰り返します

※ツボⒶ～Ⓗ（47ページ参照）をタップしながら3周以上行う

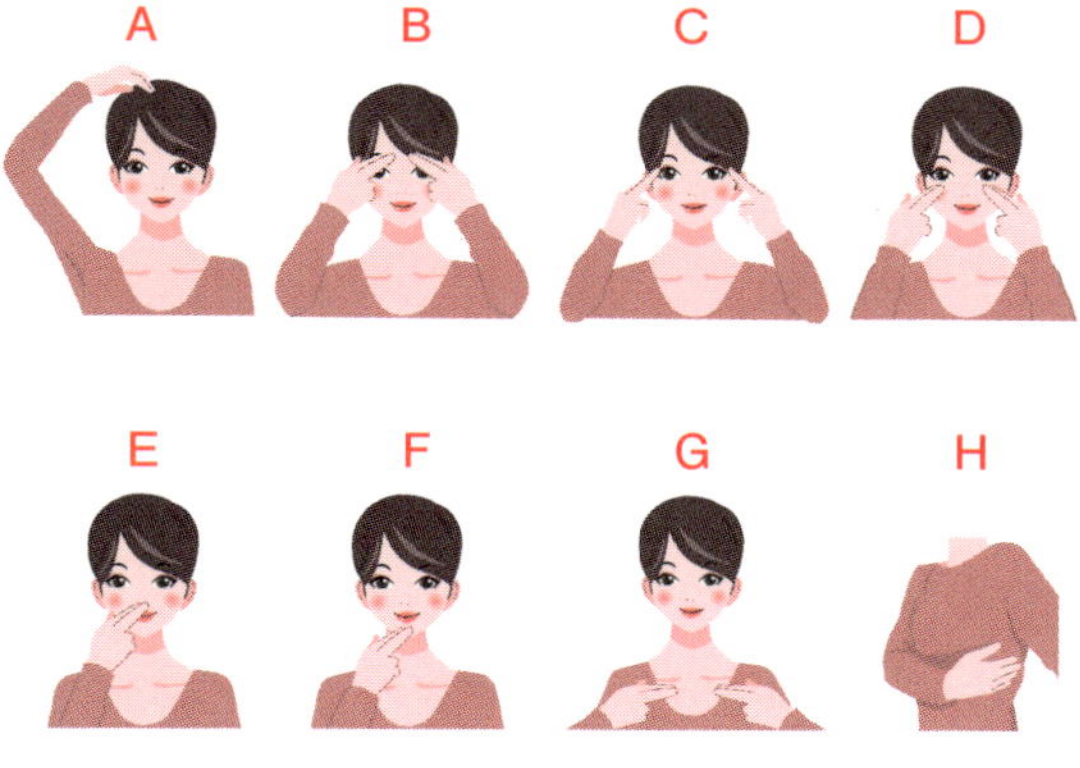

ツボⒶ～Ⓗをタッピングしながら……

1周目　私ばかり老けて見える・・・私ばかり老けて見える・・・
2周目　あの人は若々しいのに・・・あの人は若々しいのに・・・
3周目　がっかりだ・・・がっかりだ・・・がっかりだ・・・

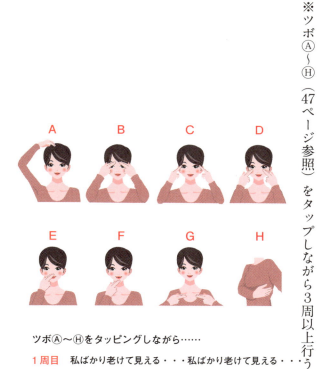

❹ 深呼吸

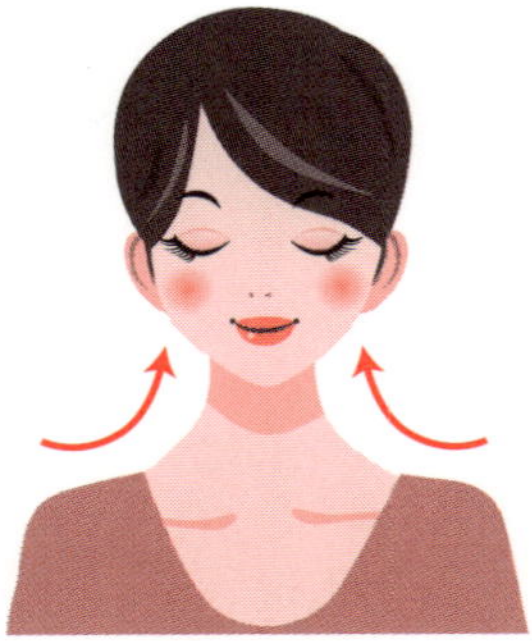

⑤ プラスのセットアップ　×3回

Ⓢ1

年齢と見た目は関連しない。年齢を気にするからこそ老けていくことを私は知っている。挑戦する意欲を持ち、明るく行動する私になります。

Ⓢ2

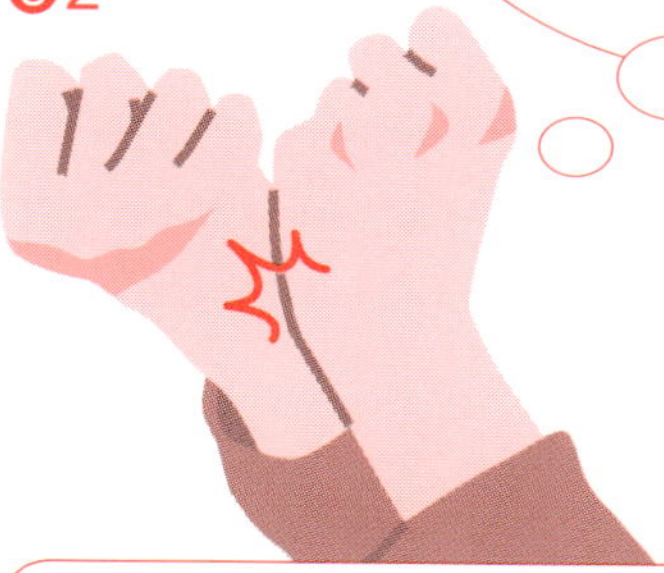

Ⓢ1をさするか、Ⓢ2を軽くたたきながら3回繰り返し言う。

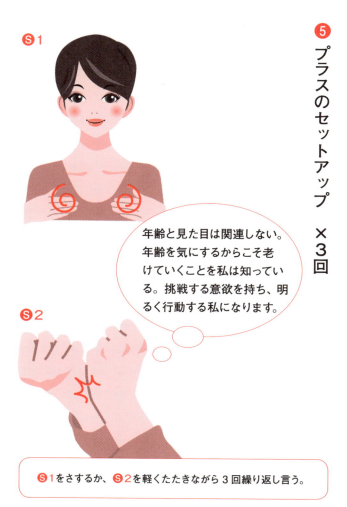

⑥ プラスのタッピング　3周以上

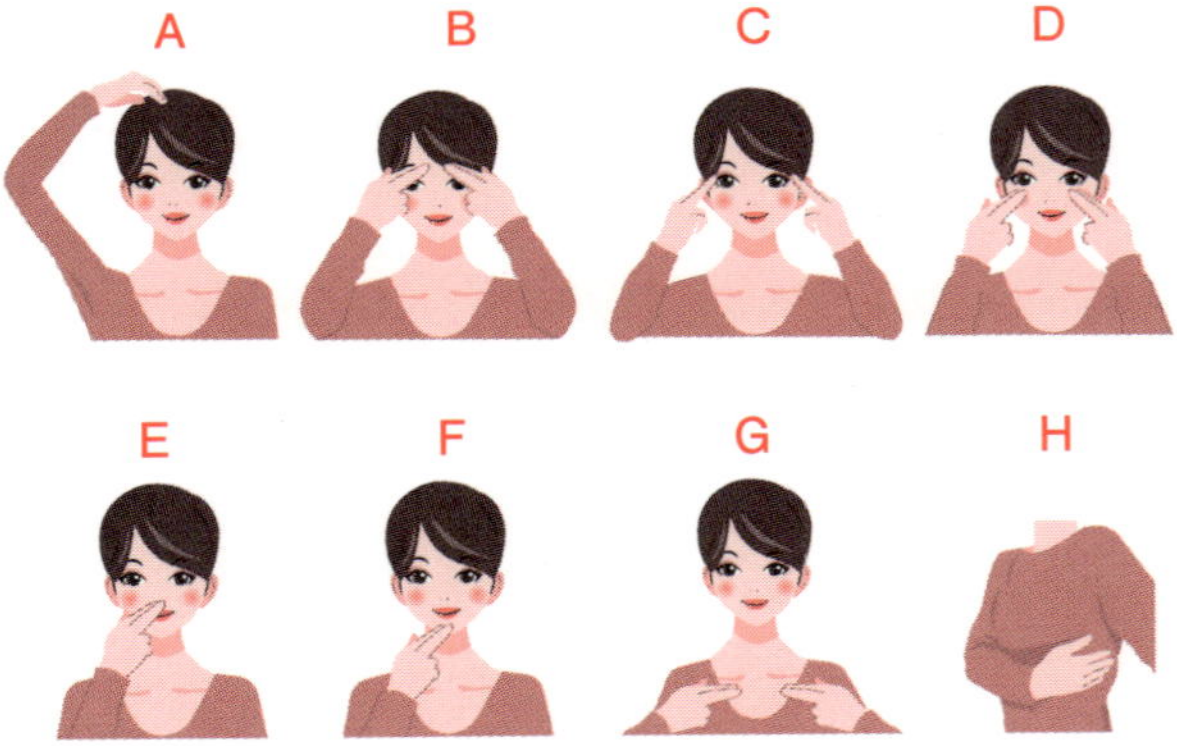

ツボⒶ～Ⓗをタッピングしながら……

1周目　年齢は忘れて大丈夫・・・年齢は忘れて大丈夫・・・
2周目　新しい体験をしよう・・・新しい体験をしよう・・・
3周目　若々しいあの人を目指そう・・・若々しいあの人を目指そう・・・
4周目　私はどんどんきれいになっていく・・・私はどんどんきれいになっていく・・・

⑦深呼吸&水分補給

※タッピングの言葉と回数は自由に調整してください

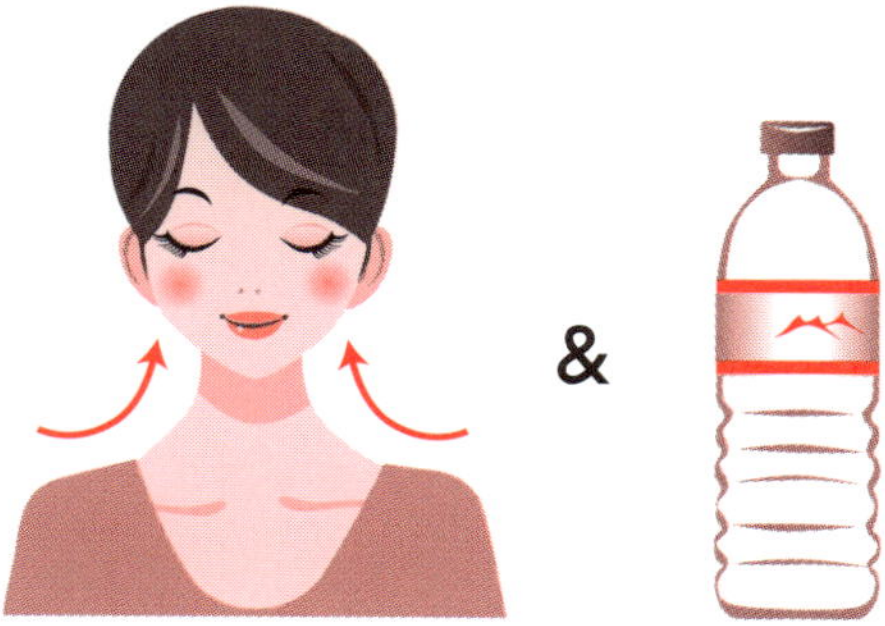

●美容と健康編

美容と健康は思い込みが左右します。こう言われると、そんなことはないと反発してしまう方もいますが、これには裏付けがあります。

脳機能の研究により、脳が感じるリアリティ（臨場感）により体は影響を受け、健康状態が変化することがわかっているからです。

「もう年だから、仕方がないのよ」「私はこういう体質だからできないの」「この病気は治らないわ」というセルフイメージが入力され続ければ、脳はそれらにリアリティを感じ、体に反応が起こります。

後半のポジティブセットアップフレーズは、今後、脳に感じさせたい現実に相応しい言葉を選びましょう。

シミやシワが嫌！　綺麗な肌になりたいという方へ

①どのくらい嫌ですか？［1～10］
②セ：このシミやシワに抵抗を感じる自分を認め手放します。
③タ：1周目　■このシミやシワが嫌！
　　2周目　■消えてほしい。
　　3周目　■こんなの私じゃない！
④深呼吸
⑤セ：全てが変化し成長している。明るい気持ちが私の肌を輝かせることも知っている。さらに美しく進化成長する私を選択します。
⑥タ：1周目　■成長は美しい。
　　2周目　■明るい心が肌を綺麗にする。
　　3周目　■シミもシワも輝く。

4周目　■どんどん綺麗になっていく。

⑦深呼吸&水分補給

年齢以上に見えるわたし「もっと若々しくいたい」という方へ

①どのくらい嫌ですか？〔1〜10〕

②セ：自分だけ老けている気がするけれど、この思い込みを解放します。

③タ：1周目　■私ばっかりけて見える。

2周目　■あの人は若々しいのに。

3周目　■がっかりだ。

④深呼吸

⑤セ：年齢と見た目は関連しない。年齢を気にするからこそ老けていくことを私は知っている。挑戦する意欲を持ち明るく行動する私になっていく。

⑥タ：1周目　■年齢は忘れて大丈夫。　■新しい体験をしよう。
2周目　■脳を活性化すればいい。　■若々しいあの人を目指そう。
3周目　■どんどん綺麗になっていく。

⑦深呼吸＆水分補給

ダイエットで痩せられず困っている方へ

過食の原因となるストレス感情へのS.R.Tが有効です。

社会的役割に対するプレッシャーや不安、悲しみや寂しさ、焦燥感や罪悪感などの感情により、過食に陥る方が多くいらっしゃいます。

家族の食習慣やご褒美としての食習慣が影響している場合もあります。あなたがいつどのような環境で食べ過ぎてしまうのか？　どのような感情があるのか？に気づいてください。その感情を的に、S.R.Tを行います。

また脳は、セルフイメージ通りのあなたを実現化させようとします。「私は太りやすい体質だ」「これを食べたらまた太る」「ダイエットは続かない」などのセルフトークは、あなたの脳にそのような指令を送ることになります。気づく度に切り替える習慣を持ってくださいね。

【例1】普段から責任のある仕事にプレッシャーを感じている。ハードだった日には、特にたくさん食べてしまう場合。

①今、甘い物が食べたい強さは？［1～10］

②セ：今日も忙しくて本当に大変だった。緊張でホッとする間も全然なかった。
甘い物がたくさん食べたくなってきた。

③タ：1周目　■今日も忙しかった。
2周目　■食べれば疲れが取れる。

3周目　■※チョコレートが食べたい。※には自分が食べたいもの。

4周目　■ホッとしたい。

④深呼吸

⑤セ：チョコレートやドーナツで安心感と安らぎを得ようとしている自分に気づいた。頑張っている自分を認め、私の言葉で心を満たしていこうと思う。

⑥タ：■今日もよく頑張った。■今日も役立つことができた。
■いつも良い仕事をしている。■私は素晴らしい。
■ホッとする。■もう大丈夫。※落ち着くまで繰り返しましょう。

⑦深呼吸＆水分補給

【例2】ダイエットがうまくいかないことにストレスを感じている人。

①その苛立ちの強さは？［1～10］

②セ：どんなダイエットをしてもうまくいかなくて、自分が嫌になるけれど、そんな過去を完全に手放します。

③タ：1周目　■全然痩せない。

2周目　■できない自分にイラッとする。

3周目　■何が正しいのかわからない。

④深呼吸

⑤セ：イライラが食欲をコントロールできなくすることを私は知っている。この怒りを手放し、目標に向かって頑張る自分を認め応援します。

⑥タ：■イライラは消えていく。■私は目標に近づいている。

■私を信頼し応援する。■私は体に良い物が選べる。

⑦深呼吸＆水分補給

【例3】痩せる体質になるために

①その思い込みの強さは？［1～10］

②セ：子供の頃から太っている私は、体質的に痩せない気がしているけれど、この思い込みを手放します。

③タ：1周目　■多分無理。
　　2周目　■体質だから無理。
　　3周目　■この脂肪はきっと減らない。

④深呼吸

⑤セ：思っていることが現実になる脳のしくみを私は知っている。今からセルフイメージを変え、痩せやすい私になっていこうと思う。

⑥タ：■私は痩せつつある。■痩せやすい体質に変わっていく。■動く度に細胞が引き締まる。■美しくなる私を感じながら歩く。

⑦深呼吸＆水分補給

便秘気味……「快便な日々を過ごしたい」という悩みの方へ

便秘は、言いたいことや感情をお腹に溜め込んでしまう方がなりやすいようです。感情を手放していく習慣を持ちましょう。

①簡単には出ないという気持ちの強さは？［1〜10］

②セ：長年の便秘症で体質だからしかたがないと思っているけれど、この思い込みを手放します。×3回

③タ：1周目　■出ない。
　　2周目　■固まっている。
　　3周目　■言わない。■私は我慢強い。

④深呼吸

⑤セ：我慢することが習慣になっていたかもしれない。溜め込んだ思いも、○○○も、気楽にスムーズに出せる私になっていきます。

⑥タ：■もっと気楽な私になっていく。■大腸が動き出す。■溜まった思いも○○○も出していい。■気持ちよくスルスル出る。

⑦深呼吸＆水分補給

【コラム6】自然の癒しエネルギー活用法

世の中にはたくさん、自分自身を癒してくれる場所があります。それは、自然の中です。公園、草原、山、森、川、海など、人工的ではない場所に行くと気持ちがスッキリします。

最近、イライラしがちだな、何だか不安を感じやすいなという時、しばらく自然と触れ合っていない時かもしれません。遠くへ行けなくても近くの神社でもいいですし、目的のない散歩をするのでもいいです。ほんの10分でも時間を作って、自分を癒してあげるために、自然と触れ合いに行きましょう。目の疲れもとれます。

たったこれだけのことで、日々がとても楽に過ごせるようになりますよ。

インフルエンザから体を守りたい時に

「私はインフルエンザとは縁がない」という前提を、脳にインプットしましょう。

①うつったらどうしようという不安の強さは？［1〜10］

②セ：家族（同僚）がインフルエンザになってしまった。うつったらどうしようと心配している自分がいるけれどこれを手放します。

③タ：1周目　■うつるかも。

2周目　■うつったらどうしよう。

3周目　■免疫力に自身がない。■心配だ。

④深呼吸

⑤セ：私の体は健康で私の免疫力は正常だ。インフルエンザとは無縁の自分を選択します。

⑥タ：■インフルに興味ない。■関係ない。

■私の免疫力は最強だ。■今日も元気だ。

⑦深呼吸&水分補給

病気がちな親の体質を受け継いでいる気がする時に

①私もそうなるかもしれないという気持ちの強さは？［1～10］

②セ：最近体調が悪い。親は○○が悪かったから、私もそうなるかもしれない

と、気にしている自分を受け入れます。

③タ：1周目　■疲れやすい。
　　2周目　■親も○○○が弱かった。
　　3周目　■私もそうなるかもしれない。■そんな気がする。

④深呼吸

⑤セ：疲れやすく不健康なイメージを手放し、遺伝や病気とは無縁の元気に過ごす私をイメージします。

⑥タ：■私は健康だ。■免疫力も絶好調。
■細胞が生き生きしている。■脳も活性化している。

⑦深呼吸&水分補給

ガンで苦しんでいる時に

誰の体内でも毎日、様々なガン因子が生まれています。そして、日々のストレスが免疫力を低下させ、ガンを成長させる要因であることは医療に携わる人であれば知っていることです。

脳の免疫力を上げるために、過去のトラウマやストレス感情をS．R．Tで解放し、自分の心身へ対するマイナスなイメージを手放すことが重要。

自分の治癒力、治療法を信頼し、未来への希望や目標を持つことで、ガンを克服した方を私は見てきました。苦しいからこそ、ネガティブな方向にばかり目が行きがちですが、S．R．Tで本来の脳の治癒力を高めましょう。

①病気への不安の強さは？［1～10］

②セ：ガンができてしまったことがショックでたまらないけれど、恐れ、罪悪感、

後悔の全てをいったん認め、呼吸と共にあらゆるマイナスのエネルギーを手放していこうと思う。

③タ：1周目　■怖い。
2周目　■不安だ。
3周目　■悲しい。■不安だ。
4周目　■要らないものは全て出ていく。

④深呼吸

⑤セ：ガンを治した人はたくさんいる。良い治療も受けている。私の治癒力が光を放ち、次々とガン細胞を消していく。新しい力が溢れてくるイメージを持ちながらタッピングします。

⑥タ：■私の治癒力は最高だ。■私はもともと健康だ。
■光りがガン細胞を消していく。■なりたい自分を目指そう。

■私には叶える力がある。■さらに治癒力が高まっていく。

⑦深呼吸&水分補給

※S.R.Tは医療行為ではありません。何らかの持病をお持ちの方は、かかりつけの医師や医療従事者へご相談なさってください

アルコール依存症を治したい時に

ダイエットを行う時にも起こることですが、「飲みたい」気持ちと、「飲んではいけない」という気持ちの葛藤がストレスとなり、そのストレスから逃れるためにますますお酒への欲求が高まります。

そこで、苦しい葛藤を和らげるS.R.Tをご紹介します。また、人間関係においての不安や自信のなさを手放すS.R.Tも必要ですので、両方行うようにして

ください。

①今、飲みたい気持ちの強さは？［1〜10］

②セ：また飲みたくなってしまった。飲みたい気持ちを受け入れます。

③タ：1周目　■飲みたい。

2周目　■どうしても飲みたい。

3周目　■すごく飲みたい。

4周目　■あきらめられない。■やっぱり飲みたい。

など、少し落ち着くまで繰り返します。

④深呼吸

⑤セ：飲みたい気持ちを認めたら少し落ち着いてきた気がする。何となくリラックスしてきた。飲まなくても安心していられる私を選択します。

⑥タ：■少し落ち着いてきた。■リラックスしている。

■ホッとしている。■頭もスッキリしている。
■大丈夫。

⑦深呼吸＆水分補給

不眠で困っている時に

日々のストレス感情が減少することで、自然に眠れるようになった人もいます。

不眠で困っている場合には、「不眠症の私」をターゲットにするのではなく、眠れない問題に起因しているストレス感情に対してS.R.Tを行う必要があります。

また、就寝前の1時間は、PCやスマホを避ける、寝室をリラックスできる環境に整える、などの工夫も必要です。

眠る間際の脳は、シータ波と言ってボ〜っとした催眠状態になります。これは潜在意識に最も情報が刷り込まれやすい状態です。

潜在意識は無意識を支配していますから、心配や不安な気持ちのまま眠りについてしまうと、翌日もふとしたことでその感情に陥りやすくなります。

眠る前には、その日感じた嫌な気分を手放し『翌日感じたい気持ち』を言葉にしたり想像しながらS.R.Tをすれば、潜在意識にプラスのイメージを刷り込むことができ、より思い通りの1日を過ごせるようになります。

【ベッドの中でゆっくりできる　指先でおこなうS.R.T】

眠れなくて困った時にベッドやお布団の中で行うS.R.Tは、頭や顔のタッピングではなく指先（爪の周り）をゆっくり揉むように行います。爪全体を圧迫したり緩めたりしながら3回、爪左右を押したり緩めたりしながら3回、それぞれ心の中でつぶやきます。

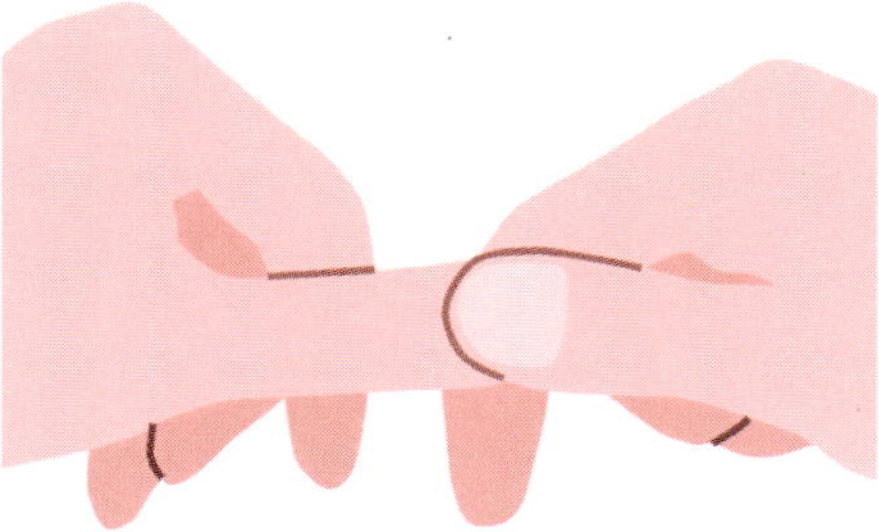

爪全体を圧迫したり緩めたりしながら、
それぞれの言葉を心の中で３回つぶやく

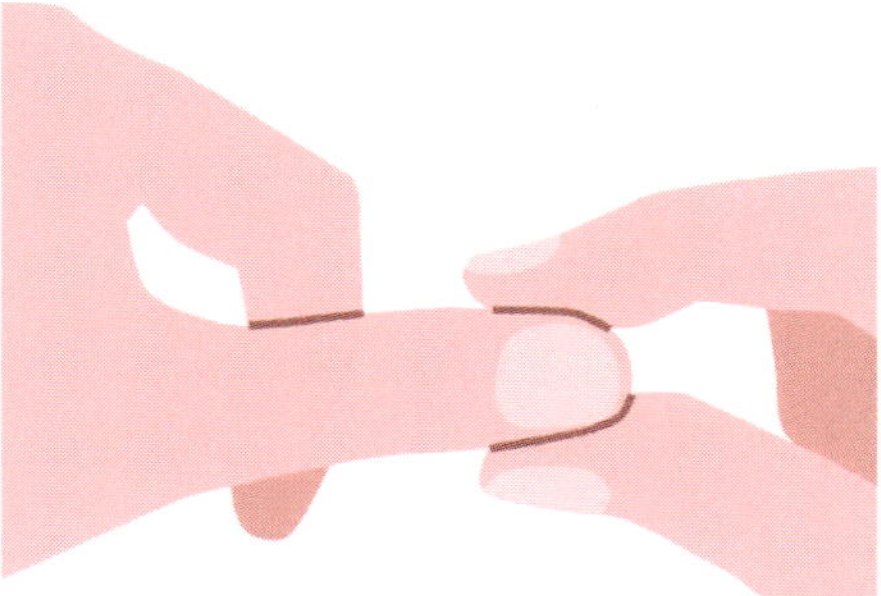

爪左右を押したり緩めたりしながら、
それぞれの言葉を心の中で3回つぶやく

【例1】今日の自分の失敗が気になって眠れない

①眠れないという気持ちの強さは？［1～10］

②セ：Ⓢ1をさすりながら。

　あの失敗が気になって眠れないけど、この気持ちを手放します。

③タ：指先をゆっくり揉みながら。心の中で3回ずつつぶやく。

　■親指：やってしまった。■人さし指：眠れそうもない。

　■中指：どうしよう。■薬指：あ～情けない。

　■小指：なぜなんだ。（もう一方の手へ繰り返す）

④深呼吸

⑤セ：Ⓢ1をさすりながら。

　失敗しなければわからないことがある。私はそれに気づくことができた。リラックスして明日の自分のためにぐっすり眠ります。

⑥タ：指先をゆっくり揉みながら。

■親指：きっといい経験になる。■人さし指：私は大丈夫。
■中指：安心していい。■薬指：眠っていい。
■小指：さらに成長していく。（もう一方の手へ繰り返す）

自分への労いの気持ちを伝えるのもおすすめです。

⑦深呼吸

【例2】リラックスする習慣が身につくS.R.T

①今のリラックス度合いは？［1〜10］

②セ：Ⓢ1をさすりながら。緊張しやすい私だけれどいつでもリラックスしたい時にそうできる自分になろうと思う。

③タ：指先をゆっくり揉みながら。心の中で3回つぶやく。

■親指：頭の力が抜けていく。■人さし指：目の力が抜けていく。
■中指：耳の力が抜けていく。■薬指：のどの力が抜けてく。
■小指：肩の力が抜けていく。（もう一方の手へ繰り返す）

④深呼吸

⑤タ：さらにもう1度行います。
■親指：腕の力が抜けていく。■人さし指：胸の力が抜けていく。
■中指：お腹の力が抜けていく。■薬指：腰の力が抜けてく。
■小指：足の力が抜けていく。（もう一方の手へ繰り返す）

ゆっくり複式呼吸をして、全身がリラックスしているのを感じながら眠ってください。日中の緊張感が抜けない時にもおすすめです。

認知症予防をしたい時に

巷《ちまた》で流行っている「脳トレ」は、脳科学の専門家の間では、意味がないと言われています。また老化だけが原因ではなく、医学的にはっきりしているのは「過剰なストレスが認知症を引き起こす」ということ。ストレスホルモンのコルチゾールが出て、海馬が損傷することで引き起こされる現象であることがわかっています。

ただ最近の研究では、ほどよいストレスは認知症の予防となり、人生の目標や志を持って生きることで脳が活性化し、認知症が防げることもわかってきました。不必要なネガティブ感情はタッピングで解消しながら、皆に役立つ素敵な志に向かってイキイキと楽しく過ごしていただきたいです。

①認知症への不安の強さは？［1〜10］

②セ：最近物忘れがひどく、認知症への不安を感じているけど、これを解放します。

③タ：1周目　■最近物忘れがひどい。
2周目　■ボケたらどうしよう。
3周目　■○○さんもそうなった。■不安だ。

④深呼吸

⑤セ：不安やストレスが脳に良くないことを私は知っている。人生で培ってきた知恵と心の余裕もある。これからの私にしかできない素敵な目標を持ってイキイキと過ごしていこうと思う。

⑥タ：■私には目標がある。■もっと素敵な生き方ができる
■どんどん楽しくなる。■私はずっと元気。

⑦深呼吸&水分補給

肉体的な痛みや不快感を軽減させたい時に

肉体的な問題に対する「感情」を解放すると、痛みが和らいだり、回復力が高まることが多いです。S.R.Tでは、痛む箇所へ「意識を集中させて」タッピングします。

集中するほど脳内の痛みの記憶と想像上の痛みは解放され、本来の痛みに意識が向き、感覚が変化していきます。また、症状をより具体的に言葉で表現しようと意図するほど、痛みや不快感へ意識を向けることができます。

タッピングに使う言葉の表現方法は主に2つあります。具体的にイメージできる方は②が効果的です。

①今感じている不快な感覚をそのまま言葉にする。

「痛い」「かゆい」「だるい」「凝ってる」「硬い」「冷たい」など。

②感じている不快感を色や形や何かに例えて自由に表現する。

（表現例1）：喉の痛みに対して

「喉の奥にピンポン玉が詰まってるよう」「トゲトゲがある」「赤くて熱い」

（表現例2）：右肩の硬い痛みに対して

「硬い板がガッチリはまっているよう」「ビリビリした痛み」「色は黒っぽいグレー」「筋も固まってる」

（表現例3）：腰の重さと痛みに対して

「鉄のボールのような重たさ」「色はダークなレッド」「ズシンと痛い」

※タッピングの言葉が増えた時は、【ツボⒶ～Ⓓ】と【ツボⒺ～Ⓗ】で言葉を切り替えます。

腰の痛みを和らげる「不安」の解消法（表現例3で）

①今の痛みの強さは？［1～10］
②セ：腰の痛みが不安だ。出張先で痛みが強くなったらどうしよう。この痛みを解放し不安を手放します。
③タ：【ツボⒶ～Ⓓ】腰がズシンと痛い。
【ツボⒺ～Ⓗ】鉄のボールのように重い。
【ツボⒶ～Ⓓ】ダークなレッドを感じる。
【ツボⒺ～Ⓗ】痛みが強くなったらどうしよう。
【ツボⒶ～Ⓓ】不安だ。
【ツボⒺ～Ⓗ】腰がズシンと痛い。
【ツボⒶ～Ⓓ】ダークなレッド。
【ツボⒺ～Ⓗ】不安だ。

深呼吸　腰に意識を向け繰り返します。変化を感じられたら⑤へ。

⑤セ：タッピングをしたら、痛みの印象が少し変わってきた。ボールや色に変化を感じる。さらに軽くなり安心できる私に期待します。

⑥タ：■鉄のボールが少し小さくなった。
■色が少し薄くなった。■何となく軽い。
■少し安心できそうだ。■穏かな感覚。
■さらに軽くなっていく。■ストレスも消えていく。
■私は手放していける。■大丈夫。
■私は安心して出かけられる。

⑦深呼吸&水分補給

言葉で表現できない気持ちが、体の痛みとして表れることがよくあります。苛立ちや我慢している言葉に気づいた時は、タッピングしながら吐き出しましょう。

デジタルデトックスがしたい時に

【スマホに触れない時間を作りたいのにできない時】

①できない～！　と言う気持ちの強さは？［1～10］

②セ：メールやSNSに疲れやストレスを感じているけれど、気になって手放せない自分がつらい。この気持ちを解放してみようと思う。

③タ：1周目　■ずっと気にしている。
　　2周目　■見ないと落ち着かない。
　　3周目　■もうしんどい。■疲れている。

④深呼吸

⑤セ：スマホを見ない時間を作ることで私の脳はリラックスし、より効率よく動

く。必要な人とは繋がっていられる私であることを認め安心します。

⑥タ：■リラックスしていい。■必要な人とは繋がっていられる。
■より充実感が得られる。■集中する時間ができる。
■より脳が活性化する。

⑦深呼吸＆水分補給

【PCやスマホによる疲れ解消S.R.T】

①今の疲れの強さは？［1～10］

②セ：パソコンやスマホの使い過ぎに疲れを感じている。この圧迫感や体のだるさを解放します。

③タ：1周目　■あ～疲れた。
2周目　■頭がぼ～っとする。

3周目　■首が重い。■肩もつらい。

④深呼吸

⑤セ：少しずつ力が抜けていく感覚をイメージしながら私はリフレッシュしていきます。

⑥タ：■頭が軽くなっていく。■首がほぐれていく。
■肩がリラックスしていく。■目がすっきりする。

⑦深呼吸＆水分補給

疲れが溜まり過ぎると回復に時間がかかり、仕事の効率も落ちます。休憩を取り入れた無理のないスケジュール管理を心掛けてくださいね。

【コラム7】扱い方次第！　ネガティブ感情は道具

よくネガティブ感情は悪く、ポジティブ感情はいいものだと言われていますが、両方とも脳の反応に過ぎないのでいいも悪いもありません。むしろネガティブ感情はよくないと思うと、それは感じてはいけないという発想になり、ネガティブ感情を抱いている自分を否定する気持ちに繋がります。

ネガティブ感情は、ナイフのような存在。道具と同じです。時に人や自分を傷つけたりしてしまうこともありますが、ナイフがなければ美味しい料理を作ることも美しいカービングもできません。つまり、ネガティブ感情は、悪者ではなく、扱い方次第なのです。

例えば、バカにされた体験により、自分を卑下し自信を失っていく人と、「今に見てろ!」と成長意欲に変えていく人がいます。失恋してより積極的に美しさを磨いていく人と、卑屈になってしまう人とがいます。ネガティブ感情が浮かんできたら、それをどう扱えるのか自由な発想で考えてみてくださいね。

事例コラム

ワンちゃんのS.R.T

実は、S.R.Tはワンちゃんに使うこともできます。ワンちゃんにタッピングする時は、人間と同じ場所をタッピングするのではなく、尻尾の根元付近をタッピングしてください。実際に私の受講生が、ワンちゃんにS.R.Tをした時の体験談があります。

＜体験談＞

散歩中、犬を連れた人に出会うと怖がって吠えるRuRu（愛犬）を落ち着かせたくて、RuRuの気持ちを私が代わりに言いながら、しっぽの付け根をトントンとタッピングしました。

「犬が来ると怖い」「いつも犬を探してしまう」「吠えると（飼い主に）怒られるけど、でも怖い」一呼吸してから、「大丈夫」「楽しく散歩ができる」「飼い主を信じる」と。

タッピングしてから出かけた時には、他の犬に出会わなかったり、たとえ出会って吠えたとしても、過剰に反応することなく散歩を続けられました。

数回続けるうちにＲｕＲｕが吠えるのは、私が必要以上に相手の反応を気にして緊張していたからだと気づきました。自分にもタッピングし、他の飼い主さんとのコミュニケーションが楽になった今は、ＲｕＲｕが吠えることにイライラすることもなく楽しく散歩ができています。

＊　＊　＊

ワンちゃんが吠える理由が自分にもあったということに気づけるのが、Ｓ．Ｒ．Ｔの凄いところだと思います。ぜひ、ご家庭のワンちゃんでも、試してみてくださいね。

●対人編

無意識をうまく使えば願いが叶う、といった話をあなたも聞いたことがあると思います。脳には意識を司る脳（意識脳）と、無意識を司る脳（無意識脳）があります。

脳科学では、この無意識脳が司るネットワークを「デフォルトモードネットワーク（DMN）」と呼び、このネットワークが、願望を実現させる重要な役割を担っていることがわかっています。

DMNは、常にあなたの前提認識を肯定化する働きを行っています。**「恋人が欲しい」の前提は「恋人がいない」**となり、**「結婚したい」の前提は「結婚できない」**となります。

ＤＭＮをコントロールし、思い通りの現実を手に入れるには、「～になりたい」という願いではなく、「～な自分になる」という〝意志〟の表現が必要。タッピングしながら「恋人ができない私」を手放し、後半は意志を明確に宣言しましょう。前提認識の書き換えができます。

恋人がいなくて寂しい時に

①「寂しい」気持ちの強さは？［1～10］

②セ：恋人がいなくて寂しいけれど、不要な前提を手放し書き換えます。

③タ：1周目　■寂しい。

2周目　■1人は嫌だ。

3周目　■楽しくない。■恋人ができない。

④深呼吸

⑤セ：私はもっと愛される自分であることを認め、いつも恋人と楽しく過ごす私になります。

⑥タ：■もっと愛される私になる。■求めている人と私は出会う。■出会いのチャンスが増えていく。■だんだん近づいている。■恋人と楽しく過ごす私になる。

⑦深呼吸＆水分補給

※普段から誰とでも明るく接することで、紹介や出会いのチャンスは確実に増えますよ！

恋を叶えたいけれど1歩踏み出せない時に

恋を叶えたい時に、「きっとうまくいかない」「私は愛されない」「もうこの年齢じゃ無理」などの前提認識は、マイナスにしか働いてくれません。気づいたらすぐに切り替えましょう。

そして、気になるその人ともっと仲良くなれる自分を目標にして、考え過ぎないようにします。普段から明るく振る舞い、良いタイミングを自分からつかみましょう。

①「きっとうまくいかない」という気持ちの強さは？［1〜10］

②セ：気持ちを伝えたくても最初からあきらめている自分がいる。成功を妨げる
この気持ちを手放します。

③タ：1周目　■きっとうまくいかない。
2周目　■何も言えない。■断られたらどうしよう。
3周目　■どうせいつもそう。■やっぱり無理。

④深呼吸

⑤セ：いつも気持ちを素直に表現することを意識して、あの人ともっと仲良くなれる自分になります。

⑥タ：■誰とでも素直に付き合える。
■気楽に声を掛けても大丈夫。
■あの人ともっと仲良く話せる自分になる。
■ちょうど良いタイミングがわかる。■大丈夫。

⑦深呼吸&水分補給

※人間関係は、自分の意志次第でどのようにでも変えることができます。あなたの力を信じてください。理想とする自分に相応しい素敵な人間関係を自ら決めて、行動していきましょう。

SEXについてパートナーと話をしたいけど言えないという時に

①「嫌な顔をされそうで言えない」という気持ちの強さは？［1〜10］

②セ：SEXについて言いたいことがあるけれど、嫌がられそう（傷つけそう）で言いだせない。この抑圧を手放します。

③タ：1周目　■言えない。■でも、いつも気になってる。
　　2周目　■言えば不機嫌になりそう。■傷つけるかもしれない。
　　3周目　■我慢するのはつらい。

④深呼吸

⑤セ：不満を言うのではなく、よりわかり合い、幸せになるために伝える。気楽に話し合い、もっと愛し合える私たちになろうと思います。

⑥タ：■リラックスして大丈夫。■私はパートナーを愛している。
■私も愛されている。■私たちはもっとわかり合える。

■もっと幸せな関係を作っていける。

⑦深呼吸＆水分補給

友達を作ることに苦手意識があり困っている時に

①「友人を作ることが苦手だ」という気持ちの強さは？［1〜10］

②セ：新しい環境になり、友達ができないのではないかと不安になっているけれどこれを解放します。

③タ：1周目　■声を掛けるのは苦手だ。■誰も話しかけてくれない。
2周目　■どう話しかければ良いのかわからない。
3周目　■何を話せばいい？　■嫌がられたらどうしよう。

④深呼吸

⑤セ：話しかけられるのを待っていた自分に気づいた。笑顔で話しかけられると

嬉しいのは、みんな同じ。笑顔で挨拶することから始めていこう。

⑥タ：■自分から挨拶すればうまくいく。■声を掛けられることは嬉しい。
■皆と仲良くできる自分が好き。■簡単な質問をしてみよう。
■共通の話題が見つかる。■私は、もっと楽しい時間を過ごせる。

⑦深呼吸&水分補給

不登校の子供を抱え罪悪感を覚えている時に

①「私のせいだ」という気持ちの強さは？［1〜10］

②セ：この子が不登校になったのは、私のせいだと自分を追い詰めて悩んでいるけれど、そんな自分をそろそろ解放しようと思います。

③タ：1周目　■私のせいだ。■私の○○が良くない。
2周目　■もっと○○すべきだった。■もっとしっかりしなくちゃ。

3周目　■あの子の行動が気になる。■いつも気にしてしまう。

④深呼吸

⑤セ：反省はもう充分。そして過去が変わらないことも知っている。これまでよく頑張ってきた自分を認め、私は家族の幸せのために笑顔で明るくいたいと思います。

⑥タ：■私は本当によく頑張っている。■私はもっと自由になって大丈夫。
■子供も自由にしている。■学べる環境はどこにでもある。
■安心して見守っていこう。■私はなりたい自分を目指します。

⑦深呼吸&水分補給

苦手なママ友がいるから学校行事へ行くのが苦痛な時に

①「相手への苦手意識」の強さは？［1〜10］

②セ：子供の発表会だけど、○○さんに挨拶しなければならないと思うと憂鬱になる。この気持ちを解放します。

③タ：1周目　■あの人が苦手だ。■嫌いなタイプ。
　2周目　■話しかけたくない。■陰で何か言われるかわからない。
　3周目　■いつも気になってしまう。■憂鬱だ。

④深呼吸

⑤セ：私は、あの人の機嫌をとるためではなく、子供の頑張っている様子をしっかり見届けるために学校へ行く。陰口を趣味にする人たちとは気が合わなくていい。目が合えば事務的に挨拶すれば十分だ。

⑥タ：■「子供の名前」の成長が見られる。■頑張ってる姿が楽しみ。
■あの人に興味がない。■気が合わなくていい。
■私は「子供の名前」と一緒に成長して行きます。

⑦深呼吸&水分補給

イラッとするママ友への怒りを解放したい時に

※第2章のS.R.Tセルフケアの手順（感情の解放）を参照ください。

①場面を思い出します。

②そのことを思い出すと「体に感じる反応は」は？（1〜10）

③「相手への怒り」の強さは？［1〜10］

④セ：あの時のあの人の態度を思い出すと腹が立って仕方がないけれど、この気分の悪さを手放します。

⑤タ：1周目　■あの人が嫌い。■あの態度にムカつく。
2周目　■イライラする。■収まらない。
3周目　■胃が気持ち悪い（②の反応）。■大嫌い。

⑥深呼吸

⑦セ：私の幸せな未来を創る大切な時間を、これ以上あの人のことを考えて過ごすなんてありえない。ぞっとする。切り替えられる私を選択します。

⑧タ：■どうでも良くなる。■興味ない。

■消えていった。■楽になってきた。

■なりたい自分を考える。■私は時間も人生も無駄にしない。

⑨深呼吸&水分補給

夫婦関係を円満にしたい時に（夫とわかり合えない時に）

①場面を思い出します。

②そのことを思い出すと「体に感じる反応」は？［1～10］

③「理解のない夫に腹が立つ」の強さは？［1～10］

④セ：私のことを理解しようとしない夫の態度にイライラするけれど、これを解放します。

⑤タ：1周目　■まったくイライラする。■あのえらそうな態度。
2周目　■苦しい。■喉の奥が詰まる（②の反応）。
3周目　■理解してほしい。■わかってほしい。

⑥深呼吸

⑦セ：イライラしていたけれど、わかってもらえなくて寂しい気持ちがあることに気づいた。私の可能性を広げるためにもう少し工夫してみよう思います。

⑧タ：■もう少し素直になる。■私には、工夫ができる。
■夫の話に相槌をうつ。■私は相手の話を聴ける人になっていく。
■伝わりやすい会話ができる。■成長する私がいる。

⑨深呼吸&水分補給

親の介護を抱えている時に

先が見えない不安、つらい気持ち、イラッとする……、多々感じたとしても自分を責めずに、安全な場所で我慢せず吐き出してみてください。

あまり深刻な状態にならないうちに、公共のサービスを利用できるよう早めに専門家やご家族に相談されることをおすすめします。

①「不安」や「しんどさ」の強さは？〔1～10〕

②セ：いつ終わるのかわからない介護のことを考えると、自分の体も心配で不安になってくる。この状況がつらい。これらを少し軽くしてみようと思う。

③タ：1周目　■いつまで続くのだろう。■不安だ。
　　2周目　■しんどい。■私がやらなければ。
　　3周目　■周りに迷惑を掛けられない。■苦しい。

④深呼吸

⑤セ：1人で抱え込み、苦しくなってしまった人がたくさんいる。完璧でなくていい。頑張り過ぎず自分にも家族にも優しい私でありたいと思います。

⑥タ：■充分よくやっている。■本当に頑張っている。
■完璧じゃなくていい。■できない事は助けてもらったほうがいい。
■いつでも力になってもらえる。■息抜きをしよう。

⑦深呼吸&水分補給

上司との関係に困っている時に（威圧的な上司が怖い）

①Ⓐ場面を1つ思い出し、今感じる怖さは？［1〜10］
Ⓑそのことを思い出すと「体に感じる反応」は？［1〜10］

②セ：あの上司が見ていると思うと怖くて肩に力が入る（Ⓑの反応）。何か言われる気がして仕事に集中できずビクビクしてしまう。これを解放します。

③タ：1周目　■見られると怖い。■肩に力が入る（Ⓑの反応）。

2周目　■緊張する。■集中できない。

3周目　■きっと私を嫌っている。■また何か言われそう。

④深呼吸

⑤セ：元々あの人はあんな顔だし、誰に対してもあんな言い方だ。きっと一生変わらない。聞き流せている人もいるから、私もそうしていこうと思う。

⑥タ：■あんな話し方しかできない人だ。■適当に聞き流しても大丈夫。

■必要な言葉だけ受け取れる。

■肩の力を抜いていい。■感情には興味がない。

■目の前の仕事に集中できる。■もう大丈夫。

⑦深呼吸＆水分補給

同僚の愚痴の相手をしたくない時に

優しく面倒見の良い人ほど巻き込まれがちですが、同情しても相手は成長しませんし、また繰り返す可能性が高いです。誤解を招きやすいうえにエネルギーも奪われます。

お相手のためを思うのなら深入りせず、うまく話を切り替えるか、その場を立ち去りましょう。1番のおすすめは、S.R.Tを覚えてもらうことです！

①Ⓐ「相手をしたくないのに断れない」強さは？［1～10］
　Ⓑそのことを考えると「体に感じる反応」は？［1～10］

②セ：あの人の愚痴を聞きたくないのに、いつの間にか巻き込まれてしまい嫌な気分になる。断れずモヤモヤするこのパターンを完全に手放します。

③タ：1周目　■断れない。■聞いてあげなくては（無意識での声）。
　　2周目　■もう聞きたくない。■無視すれば私に対しても愚痴られそう。

3周目　■モヤモヤする（Ⓑの反応）。

④深呼吸

⑤セ：あの人の悩みは、後ろ向きで意味のない不平不満だとわかった。こんなことに私の大切な時間とエネルギーを使ってはいけない。はっきりとした意志を持って対応できる私です。

⑥タ：■あの人の問題はあの人のもの。■私は私の問題と向き合う。
■私は前向きな考えが好き。■後悔しない生き方を選ぶ。
■なりたい自分を目指す。■私はもう巻き込まれません。

⑦深呼吸＆水分補給

パニックなどの予期不安を解消したい時に

①Ⓐ「電車に乗るとパニックを起こしそうだ」と思う強さは？［1～10］

Ⓑそのことを考えると「体に感じる反応」は？［1〜10］

②セ：電車に乗ることを考えただけで心臓がドキドキして呼吸が苦しくなるけれど、そんな自分を受け入れます。

③タ：1周目　■また起こるかもしれない。■もうドキドキしてきた。
2周目　■心臓がドキドキする。■ドキドキしている。
3周目　■首から肩に力が入る。■息がしづらい。
4周目　■力が入っている。

④深呼吸

⑤セ：今、タッピングをしたら、何となく落ち着いてきた。肩や胸の力を抜くことを意識しながらもう少しやってみようと思う。

⑥タ：■少し楽になってきた。■段々落ち着いてきた。
■ゆっくり呼吸ができる。■私は大丈夫。

■焦らなくていい。■少しずつ成長していく。

⑦深呼吸&水分補給

パニック症状で不安を感じる時に

パニックの症状が出そうで不安な時に、S.R.Tのタッピングは非常に役立ちます。なぜならパニック症状も脳の働きにより創られる反応だからです。

狭い場所、人混み、自由が利かない状況、バス、電車、高速道路、飛行機……。自分の好きな時に動けない、止められない、降りられない……、それらの外部状況を五感で受け取った時、あなたの中で過去の恐怖体験と繋がり**脅威**に感じます。脳はそのストレス反応を捉え、あなたの体を非常事態に備え調整します。危険から逃げる(逃走)、あるいは立ち向かう(闘争)ために、それらの反応が即座にとれるよう準備をするのです。※それが想像の中であれ、実際に飛行機の中であれ、脳には認識できません。あなたの脅威のレベル（ストレス反応レベル）に比例してその警戒態勢レベルも変化します。

この反応は**「安全だ」**と認識されれば、すぐ解除されるのですが、パニック症でお悩みの方たちのお話を伺っていると、この心臓のドクドク感に対して、さらに恐怖を感じるために、脅威レベルを上げてしまう傾向にあります。

心臓のドクドク感や呼吸のしづらさは、あなたの心臓が人一倍弱いわけでも不安定なわけでもなく、あなたが感じた脅威に対し、脳が**【逃走／闘争】**に対する準備を急いで行った結果、そうなっているだけです。（心臓疾患などの疑いがなく、健康な方の場合）

何かに不安や緊張を感じ、心臓がドキドキし始めた時には、怖がるのではなく、「これは安全だ」というサインを脳に送る必要があります。

第2章にも説明がありますが、ツボを刺激することで脳の扁桃体の興奮は抑えられます。パニック症状が出た時、出そうな時には、思いつくままにタッピングしながら「私は大丈夫」という言葉をはっきり繰り返します。（声が出せない時は、脳内で）タッピング手順の正確さより、とにかく刺激することを優先してください。3分前後で落ち着く方が多いです。

パニックでお悩みの方は、日頃から感情を押し殺したり、言いたいことを我慢する傾向の強い方が多いです。S.R.Tで日々の抑圧を手放していく習慣づくりをしてみてください。

実例コラム

大塚慈《いずみ》包様の場合

ここでは、保育士の大塚様が実際にS.R.Tを職場で活用されている体験談をご紹介します。大塚様はS.R.Tインストラクターとして、親子向け講座のボランティアもされている方です。

＜体験談＞

保育園の庭で5歳の女の子が両腕をかきむしり、立っていました。アトピー性皮膚炎でかゆかったのです。私は女の子に対して「かゆいね」と声をかけ、その後、「かゆい、かゆいかゆい……も～うかゆい！」と立っていたその子供と同じ目線になるようかがんで、頭上をタッピングしながら言葉を2、3分言いました。すると「先生、遊んでくる」と元気に遊びだしました。

またこんなこともありました。給食時間、5歳児の男の子が、しくしく泣いています。レーズンが苦手なのに、給食にレーズンパンが出たためです。

私は隣の席に座り、頭上をタッピングしながら「レーズン嫌い、嫌い。給食にレーズンなんか出るな、レーズンなくなればいい、この地球からなくなってしまえ」と2、3分間言い、最後に「でも少しなら食べられるかもしれない」とその子の様子を見て言いました。すると、男の子はレーズンパンを食べ始め、「わぁ～すごい、食べられたね」と言い、なんと全部食べてしまったんです。周囲の友達も「すごい！」と褒めてくれ、隣に座っていたレーズンが嫌いな子も食べるという連鎖反応まで起きていました。

＊　＊　＊

この他にも、運動会の練習で太鼓の音が鳴るたびに、怖がって泣いていた0歳児が、数回のタッピングで平気になったというお話もあります。

大勢の子供の保育にとても忙しい現場では、こんな簡単に気持ちの切り替えを促せるS.R.Tが本当に役に立ちます。小さな子供たちの素直な気持ちをそのまま受け取ってあげる大人の関わり方によって、子供たちは自らを信じ、自らの力で考えながら成長していけるのではないでしょうか。全てのお母さんと保育士さんに、S.R.Tで希望に満ちた子育てをしていただきたいと思います。

●シチュエーション編

S．R．Tのショートバージョンを使えば、「マインドセット」も簡単です。気軽に使って思い通りの1日をお過ごしください。リズミカルな心地良い刺激と共に、脳にインプットする意識で行います。（簡易版なため、水分補給も省きました。手元にあれば飲んでください）

S．R．Tセルフケアの手順《シチュエーション別・ショートバージョン》

（例）車やバイクの運転になんとなく不安を感じる時に

❶セットアップ

Ⓢ1

以前に事故をした場所に近づくと、また同じ目に遭う気がして怖くてパニックになりそうだけれど、落ち着いて運転している自分の姿をイメージします。

Ⓢ2

Ⓢ1をさするか、Ⓢ2を軽くたたきながら3回繰り返し言う。

❷タッピング

ツボⒶ～Ⓗをタッピングしながら……

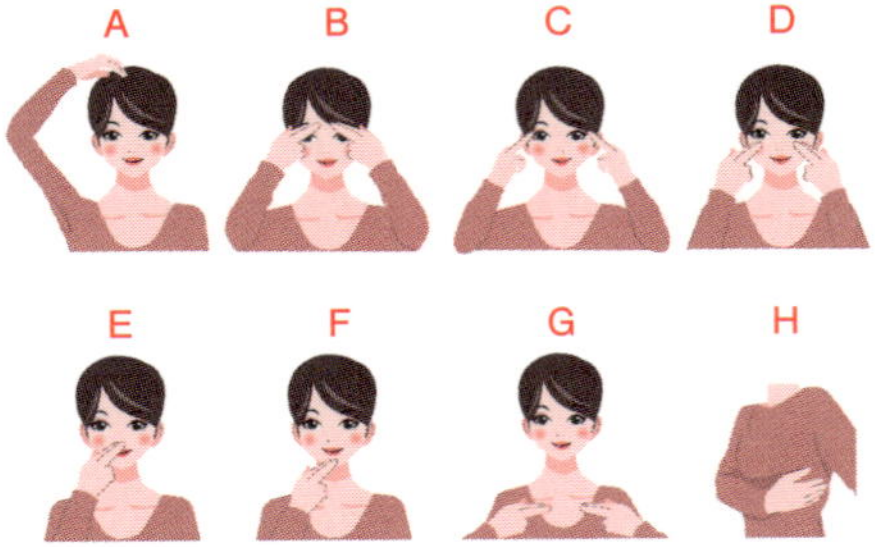

大丈夫かな・・不安だ・・怖い・・など

❸深呼吸

❹プラスのタッピング

ツボⒶ～Ⓗをタッピングしながら……

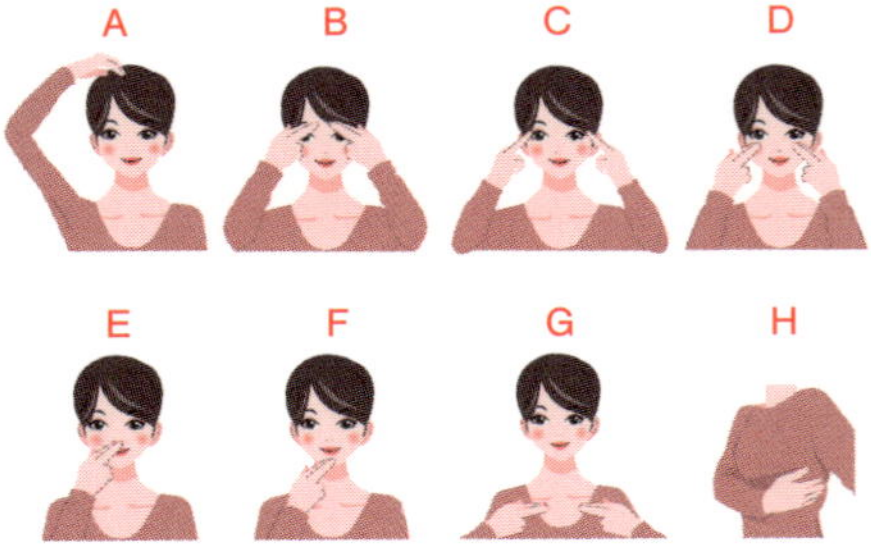

大丈夫・・落ち着いてきた・・視界が明るくなってきた

私は安全に到着します・・私はいつも落ち着いている、など。

❺深呼吸

リラックスして運転している自分の姿をイメージしてからエンジンをかけましょう。

整理整頓がしたい時に《S.R.Tショートバージョン》

①セットアップ

部屋の片づけがなかなか進まないけれど、視界がスッキリすると私の集中力も運気もアップする。清々しい空間で優雅に過ごす私をイメージしながら、捨てることから始めてみよう。

②タッピング

■片付けられない。■めんどくさい。

■ごちゃごちゃしている。■すっきりしたい。

③深呼吸

④タッピング

■捨ててもいい。■新しい風が入ってくる。■爽やかな気持ちになる。

■幸運が訪れる。■心身が軽い。■いつも清々しく美しい私になる。

⑤深呼吸

集中力を高めたい時に《S.R.Tショートバージョン》

①セットアップ

私は周りの環境に影響を受けず、常に自分軸の中心に意識を持ち、集中して目的を遂行する自分を選択します。

②タッピング

■大丈夫。■私は何にも邪魔されない。■影響受けない。
■心がとても静かだ。■私は自分の中心にいる。
■私は集中し、やり遂げる。

③深呼吸

アイディアを多く出したい時に《S.R.Tショートバージョン》

①セットアップ
良いアイデアが出て来なくて焦っているけれど、タッピングでリセットし、ひらめきをどんどん受け取れる私になります。

②タッピング
■思いつかない。■閃かない。■時間がない。■どうしよう。

③深呼吸

④タッピング
■気分転換をすれば大丈夫。■体を動かせば流れが変わる。
■もうすぐ閃く。■ふっと降りてくる。■ワクワクする。■私は冴えている。

⑤深呼吸

試合前に最高のパフォーマンスでいたい時に《S.R.Tショートバージョン》

①セットアップ

試合を控え、緊張している自分がいるけれど、この緊張のパワーを私の本来の使えるべき能力に変換し、最高のパフォーマンスを発揮する自分になります。

②タッピング

■この緊張感。■全て力に変わる。

■最高のパフォーマンスを発揮する私。

■今、しっかり感じられる。■気分は最高。■今日も絶好調。

③深呼吸

車やバイクで事故を起こしたくない時に《S.R.Tショートバージョン》

リラックスして運転できている自分の姿をイメージしてから、エンジンをかけましょう。

①セットアップ

以前に事故をした場所に近づくと、また同じ目に遭うのではないかと怖くてパニックになりそうだけど、落ち着いて運転している自分の姿をイメージします。

②タッピング

■大丈夫かな。■不安だ。■怖い。

③深呼吸

④タッピング

■大丈夫。■落ち着いてきた。■視界が明るくなってきた。

■私は安全に到着します。■私はいつも落ち着いている。

⑤深呼吸

朝のシャキっとしない気分の時に《S.R.Tショートバージョン》

①セットアップ

何となく頭がぼーっとしているけれど、今日もセレンディピティが起こる自分に期待します。

②タッピング

■ぼーっとしている。■シャキっとしない。

■気持ちがシャンとしてくる。■今日も良いことが起る。

■セレンディピティが起こる。■そこまで来てる。■やっぱり来てる！

③深呼吸

寝起きの悪い時に

①セ：眠くて起きる気にならないけれどそれでも私は大丈夫。

②タ：■眠い。■すごく眠い。■動けない。■無理だ。■だるい。
③深呼吸
④セ：だんだん脳が目覚め、頭も体も軽くなってくる。大丈夫。
⑤タ：■頭が軽くなってきた。■血液が全身を走っている。
■エネルギーが動き出した。■全てが目覚め始める。
■体が軽くなってきた。■全てが動き出した。
⑥深呼吸&水分補給

試験前なのに集中できない時に

①セ：試験前なのに勉強に集中できないけど、私は切り替えます。
②タ：■集中できない。■気が散ってしまう。■勉強が進まない。■わぁ無理だ。
③深呼吸

④セ：私は集中と休憩のバランスをうまく取ることができる。未来のなりたい自分のために、困難を乗り越え努力している自分を尊敬し応援します。

⑤タ：■気持ちの切り替えがうまくなる。■この時間が私の未来に繋がる。■誇らしい自分を体験できる。■どんどん近づいている。■楽しみ。

⑥深呼吸&水分補給

※集中するためには、集中できる環境づくりも大切です。集中する部屋（場所）と、リラックスする部屋（場所）とを分け、集中用のスペースからは、「集中を妨げる物」を排除しましょう。

プレゼンの緊張を解放したい時に

過去に失敗体験があると余計に緊張します。「過去の失敗への後悔を手放す」

ことで、肯定的に受け止める感覚を持つことも必要です。

また、自分の至らないところに目を向ける習慣があるのなら、小さな成功や成長を認める習慣に切り替えていく努力をしましょう。

準備不足による緊張感の場合は、タッピングで集中力を高め、しっかり準備を行ってください。

①Ⓐ緊張感の強さは？〔1～10〕
Ⓑそのことを考えると「体に感じる反応」は？〔1～10〕
②セ：明日のプレゼンを控え緊張でドキドキしている。頭が真っ白になりそうだ。
このドキドキ感を解放します。
③タ：■うまくできるだろうか。■うわぁ緊張する。■きっと声が震える。
■頭が真っ白になりそう。■ドキドキする。■落ち着かない。

④深呼吸

⑤セ：私には伝えたいことが明確にあり、これをわかりやすく伝えることに集中します。集まってくれた皆さんに感謝し、全体を一つに捉える感覚を持って、ゆったり話せる自分を選択します。

⑥タ：■私には伝える覚悟がある。■伝わる言葉が出てくる。■全体を一つに感じられる。■皆の笑顔がよく見える。■時間を作ってくれてありがたい。■準備はしっかりできている。■良い経験ができるに違いない。■私はゆったり話せる。

⑦深呼吸&水分補給

過去の失敗での後悔を手放したい時に

①Ⓐ後悔の強さは？［1〜10］

Ⓑそのことを考えると「体に感じる反応」は？［1〜10］

②セ：〇年前のあの時の失敗が恥ずかしくて情けなくてまだ後悔しているけれど、この過去を完全に手放します。

③タ：■今でも恥ずかしい。■どうしてあんなことをしたのだろう。■自分が情けない。■みっともない。■まだ引きずっている。

④深呼吸

⑤セ：悔しい思い出だけれど、学べたことがたくさんある。結果的にＢＥＳＴだったと言える自分になっていけばいい。今の選択を全てＢＥＳＴに変えていける自由度の高い私になっていきます。

⑥タ：■もう終わったこと。■お陰で学んだ。■もう繰り返さない。■今を選ぶのは私。■未来を決めるのも私。

⑦深呼吸＆水分補給

親に愛されなかったと感じている人へ

強い悲しみが思い起こされ苦しくなりそうなテーマの場合は、それを思い出した時の体に感じる反応に対してのみタッピングを行います。感情に対するタッピングは、行いません。そのことを考えると起こる「体に感じる反応」に意識を向けながらタッピングしていくと、脳の反応が和らいでいきます。感情を言語化しなくても精神的な負担も軽減されることがほとんどです。

※強い恐れや悲しみへ意識を向けてのタッピングは、苦しくなることがあるため1人で行わないでください。サポートが必要です。

①子供の頃、母親に愛してもらえず寂しかったことを考えると体にどんな反応が起こるのか見つけます。そして具体的な表現を考えます。

(例) 頭から顔全体が真っ黒な雲に覆われたようで、ズシーンと重い。前に進めない感じ。

②セ：あの時のことを考えると頭から顔全体が真っ黒な雲に覆われたようで、ズシーンと重い感じがするけれど、タッピングしながらこれを軽くしてみようと思います。

③タ：■真っ黒な雲を感じる。■頭から顔を覆っている。
■ズシーンと重い。■あの時からの重い雲。
■ずっと私の頭を覆っている。■重くて前に進めない感じ。

④深呼吸

⑤セ：ほんの少し色が変わってきた気がする。雲が少し薄くなってきた。重さも変わってくるかもしれない。もう少し意識を向けて変化を感じてみよう。

⑥タ：■雲が少し薄くなってきた。■顔の周りが変わってきた。
■何となく軽い気がする。■まだあるけど変化している。

■あの頃から覆っていた雲が動き出している

⑦深呼吸&水分補給

⑧夕：■さらに明るくなってきた。■私の力で明るさを取り戻せる。
■重い雲は消えていく。■私は完全に自由だ。
■未来は自分で変えられる。■私は過去の影響は受けない。

⑨深呼吸&水分補給

被災者のケアをしたい時に

強いトラウマがある場合、言語化することで苦しみが強くなってしまうことが多く注意が必要です。

気持ちにフォーカスすることを避け、そのことを考えると起こる「体に感じる反応」を軽くするために使っていただいてください。その時の状況を細かく聞く必要はありません。感情を扱うのは、プロに任せ、体に感じる反応を解放することに集中してください。

例えば、ある場面のことを考えると

「胸が押しつぶされるように苦しい感じがする」

「両腕を抑えられるような圧迫感で動けない感じがある」

「膝から足先に震えを感じて気持ちが悪い」

などの反応を、さらに具体的に**【大きさ・形・色・固さ・重さ・温度・密度など】**できる範囲でイメージしてもらいます。**※その表現の中に感情は入れません。**

タッピングの仕方は、今感じる体の反応に意識を向けながら行います。

①そのことを考えると体にどんな反応が起こるのか見つけます。そして具体的な表現を考えます。（例）「膝から足先に震えを感じて気持ち悪い」

②セットアップ

あのことを考えると感じる、この体の反応に意識を向けながらタッピングし、小さくしてみようと思います。

③タッピング

■考えるだけで足が震える。■膝から足先が反応する。

■冷たい青い色を感じる。■氷水に入っているよう。

■カタカタする。■足が気持ち悪い。

④深呼吸&水分補給

数回繰り返し、そのことを考えた時の反応がほとんど感じなくなればＯＫです。

心の負担も減っているはずです。

【コラム8】脳大成理論とS.R.T

増田勝利先生の脳大成理論的を学び、**S.R.Tのセッションや講座では、人間脳の活性化を目的**に行うことを決めました。帯状回を含む人間脳は、相手の幸せを考えたり志を持ったりすると活性化し、逆に不活性になると様々なネガティブな精神作用が起こることを知ったからです。

ここが不活性状態になると、大脳辺縁系の扁桃体（動物脳）が活性化しやすくなり、イライラや気分のむらが出やすくなったり、過度の心配症やパニックなどが起こったりしやすくなります。

大脳辺縁系の扁桃体は情動を担っており、感情的だったり、自分のことしか考えていなかったりしている時に活性化していると思ってください。**社会や世の中のことや誰かのためにと考えている時、人間脳は活性化して心身にもエネルギーが増し、パフォーマンスがアップします。**

江戸時代から明治時代にわたり活躍していた、近江商人の指針とする考え方を聞いたことがあるでしょう。「三方良し」、この脳の使い方が日本の社会を大きく発展させる元になったと、脳の覚醒下手術のスーパードクター篠浦伸禎先生に教わりました。

一般的なスピリチュアル系やセラピーにおいては、自分を癒す過程で「自分を大切にしましょう」と自己中心的な考え方を推奨する傾向にあります。ですが、脳のメカニズムや可能性について増田先生から学び、脳は世の中のために何ができるかを考えることで活性化して能力を拡大させ、感情に振り回されない強固な精神を創る。そして、より幸せに生きる力を持つのだとわかった時、クライアントを癒し、自分中心という安心感を取り戻す考え方だけでは、本質的な生き方へシフトしてもらうまでには至らないのだと気づきました。

つらい思いをしてきたクライアントさんが、そこから完全に抜け出し、昔の自分に戻らないように進化するには、**脳を活性化させる「志」が絶対に必要**なのだと確信したのです。

私は現在、S.R.Tを通して悩まない自分になるための脳の使い方と活性法をお伝えしています。セラピスト希望の方へも、癒すだけが本質的な仕事ではないことを理解していただいています。

S.R.T以外のセラピーをされるセラピストさんたちにも、クライアントにさらに素晴らしい人生を謳歌してもらうために、「脳を活性化させる」アドバイスを加えていただくことを切に願っています。

おわりに

いかがでしたでしょうか？

S.R.Tは誰にでも簡単に行えるものです。自分にも、お子さんにも行えますし、少しトレーニングを積めば、周りの人が悩み沈んでいる時に気持ちを楽に明るくしてあげることができます。

通常「セラピー」は、セラピーの勉強をしてきた人だけが行えるものでした。ですが、S.R.Tはツボをタップするだけで苦しみが緩和される脳のメカニズムに則っています。自分に行うだけなら専門的な勉強もほとんど必要なく安全にできてしまうというのが、最大の利点ではないでしょうか。

S.R.Tと一般的なセラピーでは明らかに違うところがあります。最終当着地点です。

S.R.Tでは悩みを解消するのは、単なる通過地点にすぎません。その先があります。自分を癒し終えた人は、そのまま誰かの力になってあげられる素敵な存在になっていただきたいと思い、この技法を開発しました。

自分が力を取り戻し感謝できた時、今度は誰かのために力になってあげようという気持ちになりやすいものです。しかし通常の「心理セラピー」の類となると、専門知識がないとできないとか、資格がどうだとか大袈裟に考え、せっかくの純粋な気持ちに蓋をしてしまうことが多いと感じます。

しかし、S.R.Tであれば、1歩踏み出す際のハードルはありません。むしろ、楽しい脳トレを共有するかのように気軽に伝えられる方がほとんどです。美容と健康の増進と認知症予防にもなる「脳を活性化させるセラピー」として、あなたの周りの人たちもきっと興味を持ってくれることでしょう。さらには今後人生100年時代を迎えようとしている日本の人々全てに、喜ばれ必要とされるセラピーだと私は確信しています。

例えば職場に耐えがたい上司がいたとして、S.R.Tで自分のストレス感情と向きあい認識を変え、考え方が変わると、もうその人を見てもストレスを感じることはありません。そして、そこに向けていたエネルギーの大きさを知ることで、その力を自分の幸せな未来と、誰かのために使えることに気づきます。さらに社会をより良くすることを考えれば、脳の力はどんどん引き出され、これまで感じられなかったような心からの喜びと感動を体験することができるのです。

また、セラピストを目指す人へも癒すだけで終わらない、その先の未来を見据えたセラピストになってもらうように伝えています。それこそが社会貢献に役立つ本来の働き方であると思っています。

現代社会における生きづらさからの解放

現代社会でも問題となっている「ストレス」。S.R.Tでストレスで苦しむ人と、そして自殺をする子供や大人たちを減らすことができると、私は思っています。なぜなら、S.R.Tは、誰にも打ち明けられない思いを自分が聴いてあげながら脳のストレスを消していけるエビデンスに基づく手法だからです。怪我をした時の応急手当法のように全ての人に知っておいてもらう必要があると思うのです。

自殺をしてしまう人は、**「誰にも何も言えない」**という苦しみを1人で抱えています。そして抱えきれなくなったある日、一気に全てを終わらせる選択をしてしまいます。私の母の亡き後、母の妹と弟は自殺をしています。そしてさらに一昨年、弟の娘（私にとっては従妹）が自殺をしました。親族で集まることもありましたが、自分の仕事の話をする機会がなく、しておけばよかったと、後悔しています。今回のことで私は母の弟の家族に負のスパイラルができているのだと気づかされました。

糖尿病を抱えていた母の妹と弟は、この先家族に迷惑をかけたくないという思いで自殺をしました。それを見ていた従妹は、**苦しくなった時や罪悪感にさいなまれた時の選択肢の1つに「自殺」が入ってしまったのです。**

身近な人が自殺をしていない人であれば、悩みを抱えた時の選択肢の中に「自殺」は含まれません。ですが従妹には、それが入っていたようです。そしてまた、従妹の子供3人にも「自殺」は苦しい時の選択肢の1つに入ってしまうかもしれません……。

この流れはどこかで止めるべきであり、止められるものだと思っています。何より先に亡くなってしまった母が、それを強く望んでいるに違いないと思います。母は、自分のことは常に後回しにして病気の人に尽くそうとする人でしたから。

私はS.R.Tで、病気とは無縁の生き方をする人を増やして行こうと思っています。

仕事として取り組むS.R.Tもあります

S.R.Tは教育現場でも使うことができます。クライアントさんの中には、気持ちをうまく表現できない小学生の子供さんと一緒に自分もタッピングして、遊び感覚で何でも言える場を作っている小学校の先生がいます。素晴らしい取り組みだと思いませんか？　この先生は、親御さんの悩み相談にも使っていらっしゃいます！

他にも、スポーツコーチやコーチング、コンサルタントなど対人支援をしている方たちにも、相性の良いセラピーです。ご自身の疲れやストレス解消法として取り入れてくださっている介護士さんもいらっしゃいます。

私はエステティシャンをしながら、美しくなっても笑顔になれないお客様にS.R.Tを使っていました。整体師、理学療法士、リハビリ指導者の皆さんには、心理的なストレスが起因し治癒力が落ちていると思われる患者様に使っていただきたいです。

組み合わせることで相乗効果が期待できる仕事はまだまだ他にもあります。

S.R.Tは普遍的なセラピーです。工夫次第でその可能性は無限に広がっていくことと思います。

今後のことを少し

S.R.Tを日本全国に広めていきたいと思っています。そのために今、S.R.Tのセミナーを行うインストラクターを育てたり、お客様にセッションを行うS.R.Tセラピストの育成をしたりしています。

先ほども言いましたが自殺者をなくしたいという思いと、強い怒りや悲しみを抱えている方を志を持って明るく生きる人へと変わるお手伝いをしたい、それができる人たちを増やしたい、という思いがあるからです。ご病気で私のサロンに来られない方へは、ZOOMを使って講座やセッションを行っていきます。セラピストのボランティアチームを作って、震災後のトラウマケアや、障害を抱えたリハビリ中の方たちを支援する活動も考えています。

私1人では限りがあります。志を同じくする大切な仲間と一緒に、社会のために私ができることを心を込めて行っていこうと考えています。いつも応援してくれる皆さんの存在が力になっています。本当にありがたいです。

最後に感謝の言葉を

この場を借りて、私の2人の子供たちに感謝の言葉を残します。

私がこうやって、好きな仕事や勉強が続けられるのも子供たちがいるからです。夫との関係に終止符を打ちたいと思った時、子供たちに相談すると「いいよ」と言ってくれました。その時、私は子供たちのために、常に笑顔でいられる仕事をしていく覚悟が持てたのです。出張や勉強会には気持ち良く車で送ってくれる優しい子供たちに恵まれ、私は本当に幸せです。

また亡くなった両親は、世の中の人を健康にしたいという思いを持って新事業を始めました。特に母親は、準備段階で過労のため亡くなっています。私は、その思いをしっかり引き継ぎ、心から健康な人を増やしていきます。

子供たち、そして亡き両親へ　本当にありがとう。

令和元年五月

加藤あや子

参考文献・資料

ジョン・シー『Touch for Health』
（タッチフォーヘルスジャパン　2013年）

ニック・オートナー『タッピング・ソリューション』
（春秋社　2014年）

パトリシア・キャリントン『悩んだら、タッピング』
（駒草出版　2014年）

増田勝利『悩みをパワーに変える技術』
（幻冬舎　2016年）

増田勝利『脳内麻薬で成功中毒』
（冬至書房　2017年）

下園壮太『人間関係の疲れをとる技術』
（朝日新書　2017年）

苫米地英人『脳に免疫力をつければ病気にならない！』
（徳間書店　2013年）

篠浦伸禎『戦争好きな左脳アメリカ人、平和好きな右脳日本人』
（かざひの文庫　2017年）

加藤あや子

●ストレス・リリース・タッピング創始者 ●セラピースクール Aile 代表

1965 年 12 月 1 日生まれ。愛知県名古屋市出身。

幼少期の頃、同居のアルコール依存症だった叔父が、日常で刃物を振り回したり、実父と祖母に対し暴力を振るう、実母に暴言等のいやがらせを行うなどの劣悪な家庭環境で育つ中、「大人は信じられない」と人に対する強烈な不信感と強い怒りを覚えた。学生時代は家庭内の問題が原因で学校内でも心から友達を信じられないまま過ごす。さらに 14 歳の頃、苦労が多かった実母が過労から病気になり他界する。同時期に実父の事業が傾き、実父も度重なるストレスからアルコール依存症となる。本人に訪れる度重なる理不尽さから「こんな環境は嫌だ……自分を変えたい……」と高校生の時に実家を離れ某宗教に入信。そこからあらゆる宗教を転々とするが、答えは見つからなかった。

高校卒業後、某エステティックサロンにてエステティシャンとして働き、美容とメンタルを学ぶ。24 歳の頃、暴れていた叔父を面倒見かねて、実父より助けてくれと呼ばれ 、幼少の恐ろしい記憶を持ったままだったが、勇気を持って叔父と話し向き合う。その際に、エステティシャンとして学んでいたカウンセリングの技法が見事なまでに役立ちメンタル面に強い関心が芽生える。

そこから、心理の勉強を始め、効果的なカウンセリング技法を捜す。その中でタッピングセラピーと出合い、その後心理セラピストとして活動。タッピングを中心とした心理セラピストとして活動する中で、自身の過去を克服していく。また、クライアントの見事なまでの変化から自身の今後はセラピストとして生きることであると確信する。

より効果的なセラピーを探究する中で、脳科学を中心とした科学的な背景を取り入れ、独自のセラピー技法である『ストレス・リリース・タッピング』を完成させる。現在、名古屋を拠点にストレス・リリース・タッピングの創始者として、セラピストとして、またセラピスト育成他鋭意活動中。

脳《のう》に働《はたら》きかけてネガティブ感情《かんじょう》を手放《てばな》す
ストレス・リリース・タッピング

著者　加藤《かとう》あや子《こ》

2019年5月30日　初版発行

発行者　磐﨑文彰
発行所　株式会社かざひの文庫
〒110-0002　東京都台東区上野桜木2-16-21
電話／FAX03(6322)3231
e-mail:company@kazahinobunko.com　http://www.kazahinobunko.com

発売元　太陽出版
〒113-0033　東京都文京区本郷4-1-14
電話03(3814)0471　FAX03(3814)2366
e-mail:info@taiyoshuppan.net　http://www.taiyoshuppan.net

印刷・製本　シナノパブリッシングプレス
企画構成　株式会社可能性出版
編集協力　岩本和代
イラスト　ニコ
装　丁　重原 隆

ISBN978-4-88469-967-3